W0233635

JOSEF EPP

Die Sonne sehen,
auch wenn es
dunkel ist

JOSEF EPP

Die Sonne sehen, auch wenn es dunkel ist

Worte, die Kranken guttun

KÖSEL

Verlagsgruppe Random House FSC-DEU-0100
Das für dieses Buch verwendete FSC®-zertifizierte Papier
EOS liefert Salzer, St. Pölten.

4. Auflage 2011
Copyright © 2008 Kösel-Verlag, München,
in der Verlagsgruppe Random House GmbH
Umschlag: Kaselow Design, München
Umschlagmotiv: mauritius images/ Pacific Stock
Druck und Bindung: CPI Moravia Books s.r.o., Pohorelice
Printed in Czech Republic
ISBN 978-3-466-36786-3

Weitere Informationen zu diesem Buch und unserem
gesamten lieferbaren Programm finden Sie unter
www.koesel.de

Inhalt

Heilungsschritte   105

Vorwort

Menschen in Krankheit und Krise stehen oft vor einer grundlegenden Erschütterung ihres Lebens. Dies erlebe ich als Seelsorger in einem kleinen Krankenhaus Tag für Tag. Verluste und Brüche, schwerwiegende Diagnosen und Enttäuschungen stellen zuweilen alles in Frage, fordern den ganzen Menschen heraus. An Menschen in solchen und vergleichbaren Situationen wendet sich dieses Buch.

Wie kann ein Buch Begleiter für Menschen in Krankheit und Krise sein? Viel notwendiger im buchstäblichen Sinne ist doch die persönliche Begleitung, die Nähe eines Menschen, das gute Wort, die gereichte Hand! Daran soll und kann nicht gerüttelt werden. Doch die Realität ist nicht zu übersehen. Zahllose Lebensbrüche, Krisen und Erschütterungen geschehen nahezu unbemerkt, verborgen, von der Umgebung kaum wahrgenommen. Eine Hochgeschwindigkeitsgesellschaft lässt oftmals nur noch Raum für kurze Betroffenheit, ein schnelles Innehalten, und schon fordern die nächsten Aufgaben die ganze Aufmerksamkeit. »Business as usual« gestattet nur kurzzeitige Anteilnahme.

Die Situation im Krankenhaus verdeutlicht dies treffend. Der ökonomische Druck auf das Gesundheitswesen verlangt eine immer kürzer werdende Aufenthaltsdauer. Auch schwer und lebensbedrohlich erkrankte Patienten halten sich oftmals nur noch wenige Tage in einer Akutklinik auf. Zwischen erschütternder Diagnose, Zäsur, unerwarteter Nachricht und der Entlassung bleibt nur wenig Zeit. Das klärende Gespräch, das Fragen, das Sich-Einstellen auf neue Situationen kommt zu kurz. Tränen und Trauer, Hader und Aufbegehren gehen zuweilen ins Leere, weil Raum und Zeit dafür nicht ausreichend gewährt werden.

Als Klinikseelsorger sind meine Begegnungen mit betroffenen Menschen oft blitzlichtartig, in intensiven Gesprächen wird eine Welt voll Leid und Fragen offenbar. Doch eine nachhaltige Begleitung stößt immer wieder an die Grenzen eines schnelllebigen Klinikbetriebes.

Dabei ist bei aller Beschleunigung der Mensch kein anderer geworden. Ihn quälen seine Fragen, er erlebt ein Auf und Ab, er hat das Bedürfnis nach Zeiten der Stille, nach Gespräch, nach der Nähe eines Menschen und nach dem Alleinsein. Er braucht Zeit, will verstehen, sich neu orientieren. Kleine, mosaikartige Beiträge dazu will dieses Buch anbieten.

Aus der konkreten Arbeit der Klinikseelsorge erwuchsen die Texte und Betrachtungen dieses

Buches. Ergänzend zum Gespräch, zur persönlichen Begegnung sollen sie die Möglichkeit schaffen, verschiedene Gedankenwege zur eigenen Situation zu gehen, den je eigenen Zugang zur entstandenen Lebenssituation zu finden. Jeder Text steht für sich, kann aus dem Ganzen herausgelöst werden. Die Leserin und der Leser bestimmen ganz alleine die Auswahl und die Reihenfolge.

Konkrete Gespräche und Situationen sind oftmals der Ausgangspunkt eines Textes geworden, Einzelschicksale spiegeln sich darin. Manche Erfahrungen, Fragen und Gedanken tauchen in ähnlicher Weise immer wieder auf, es lassen sich bei aller Einmaligkeit jedes Weges auch typische und wiederkehrende Erfahrungen entdecken. Auch sie sind in die Texte eingeflossen.

Krankheit und Krise verlaufen in jedem Fall einmalig und individuell. Dem Betroffenen dienen keine Vergleiche, eine Systematisierung seines Erlebens scheint ihm oft geradezu zynisch. Es gibt keine allgemein gültigen Verlaufsbeschreibungen und schon gar keine übertragbaren Bewältigungsrezepte.

In den einzelnen Texten spiegeln sich ganz unterschiedliche Erfahrungen, Fragen und Impulse. Die Einteilung in drei Kapitel bedeutet keine chronologische Beschreibung eines Krankheits- und Krisenprozesses, sondern fasst verwandte Gedankengänge zusammen.

9

Bilder, Gedichte, Fotos und Bibeltexte ermöglichen Impulse von außen und schaffen Raum für eigene Assoziationen. Die einzelnen Betrachtungen bieten Gedankengänge und Reflexionen an, sie lassen aber auch zu, eigenen Erfahrungen und Gefühlen nachzuspüren.

Die Dankbarkeit vieler Menschen für ein kleines Stück Wegbegleitung, die Offenheit für eine Begegnung, die nicht in Anspruch nehmen kann, ein Lebensproblem zu lösen, haben mich ermutigt, konzentrierte Gedanken solcher Begleitungen zu Papier zu bringen.

Vielen großartigen Menschen darf ich in der Klinikseelsorge begegnen, starken Persönlichkeiten voller Ausstrahlungskraft ebenso wie gebrochenen Frauen und Männern, die verzweifelt nach Lebensperspektiven fragen. Sie alle bringen mir immer wieder die Einmaligkeit jeder Person in ihrer unverbrüchlichen Würde nahe, ihnen allen sei dieses Buch auch gewidmet.

Der Beitrag von Frau Irmgard Pfister, die als Betroffene in offener Weise an ihrem Weg durch Krankheit und Lebenskrise teilhaben lässt, vermittelt Unmittelbarkeit und authentische Sichtweise. Die Gedanken des Ärztlichen Direktors Chefarzt Dr. Wolfgang Pflederer in den Nachgedanken spannen den Bogen von dieser unmittelbaren Betroffenheit zur Perspektive eines Arztes, der tagtäglich mit Menschen in schweren Krisen konfrontiert wird und sich in einem gesellschaftspolitisch brisanten Spannungsfeld bewegen muss. Beiden danke ich von ganzem Herzen für ihre große Bereitschaft, das Anliegen des Buches mitzutragen.

Die Not vieler Einzelner, die zuweilen stumm und ratlos machende Dichte manchen Schicksals, aber auch die oftmals nicht zu beugende Kraft der Hoffnung fordern immer wieder heraus. Das »Trotzdem« der Hoffnung, das der Apostel Paulus so eindrucksvoll bezeugt, will jeden Tag neu im Angesicht menschlicher Krisenerfahrungen Ausdruck finden. Eine Form, dieser Herausforderung nicht nur schweigend zu begegnen, ist dieses Buch – wohl wissend, dass wortloses Schweigen zuweilen eine wichtige und authentische Art der Begleitung von Menschen in ihrer Not sein kann.

Josef Epp

Durch die Krankheit gehen – die Sichtweise einer Betroffenen

Meine Krankheit hat mich zu einer Zeit überrascht, zu der man eigentlich gar keine Zeit dafür hat. Ich war 37 Jahre alt, verheiratet, hatte drei Kinder im Alter von 14, 12 und 9 Jahren, einen Bauernhof, die Oma im Haus und einige Ehrenämter: Ortsbäuerin, Pfarrgemeinderätin, Lektorin, Kirchenchorsängerin und Gemeinderätin.

Und dann die Diagnose. Zuerst vermuteten die Ärzte offene Tuberkulose, das bedeutete einen längeren Aufenthalt in der geschlossenen Abteilung einer Fachklinik. Ich glaube, es war meine erste Nacht, in der ich nicht geschlafen habe und weinen musste vor Sorge. Denn am nächsten Morgen wurde ich gleich in die Fachklinik Wangen eingewiesen. Am Morgen half ich noch im Stall und als unsere Kinder sich verabschiedeten und zur Schule gingen, habe ich ihnen nachgeschaut und ich weiß nicht, wer trauriger war – unsere Kinder oder ich.

Nach dreiwöchigen Untersuchungen in dieser Fachklinik stand die Diagnose fest: Farmerlunge.

Mir war am Anfang noch nicht recht bewusst, was das bedeutete und was auf mich zukommen würde. Eigentlich war ich damals froh, dass es auf Farmerlunge hinauslief, denn es bedeutete, dass ich die Klinik wieder verlassen durfte, was bei offener Tuberkulose nicht der Fall gewesen wäre. Das war im März und im April ging unser jüngster Sohn zur Erstkommunion – und Kommunionmutter, was bedeutet, die Kinder in Gruppenstunden und durch gemeinsame Aktionen auf die bevorstehende Erstkommunion vorzubereiten, war ich doch auch noch dazu.

Ich weiß noch gut, wie mein Lungenfacharzt auf meine Meinung, dass ich noch mal glimpflich davongekommen sei, geantwortet hat: »Mit einem lachenden und einem weinenden Auge.« Ich wusste wirklich nicht, was das bedeuten sollte, und das war auch gut so. Also musste ich mich mit meiner Krankheit abfinden. Es war ja eine Berufskrankheit und so gab es von der Berufsgenossenschaft einen Betreuer, der mich immer wieder besuchte und mir Ratschläge gab, wie ich mich verhalten sollte. Die Prognosen waren nicht gut. Dieser Herr kannte ja solche Krankheitsverläufe und erzählte mir immer wieder, wer alles schon gestorben war oder schlecht dran sei. Ich habe mich regelrecht gefürchtet, wenn wieder ein Besuch anstand oder Post von der Berufsgenossenschaft im Briefkasten war.

Eine liebe Tante hat einmal zu mir gesagt: »Du musst deine Krankheit annehmen und mit ihr leben«. An diesen Satz habe ich sehr oft gedacht und es stimmt wirklich. Ich habe es gewusst, dass es keine Heilung gibt. Am liebsten war es mir, wenn ich meine Ruhe hatte und meine Arbeit machen konnte, denn ich wollte doch auch ganz normal sein wie die anderen. Ganz schlimm waren für mich auch die regelmäßigen Besuche beim Lungenfacharzt, mir grauste regelrecht davor. Ich wollte es nicht hören, dass mein Lungenvolumen immer kleiner wurde, gespürt habe ich es doch selbst am besten. Wie glücklich fuhr ich nach Hause, wenn der Arzt zu mir sagte, es sei gleich geblieben.

Wie dankbar war ich für ein ermutigendes Wort. Wie wichtig ist ein Arzt, der Mut macht. Ich habe so darauf gewartet, dass mal ein Arzt sagen würde: »Frau Pfister, wenn sie das alles machen, dann schaffen sie das.« Die Hoffnung ist unglaublich wichtig. Nach den Arztbesuchen habe ich meistens zwei Tage gebraucht, bis ich mich wieder beruhigt und gefangen hatte, dann hab ich mich wieder selbst aufgebaut und festgestellt, es geht ja noch, ich kann dies und das und jenes noch leisten. Es war auch so, dass mein Mann mir meine gegenwärtige Verfassung schon im ersten Moment ansah, wenn ich heimkam. Ich kaufte nämlich, wenn mein Arzt zu mir sagte, mein Zustand hätte sich nicht verschlechtert, vor Freude meistens etwas Neues zum Anziehen – so sah er schon, ob ich mit oder ohne Tüte nach Hause kam.

Meine Kraft, mit der Krankheit zurechtzukommen, holte ich zweifelsohne aus meinem Glauben. Und ich bin meinen Eltern recht dankbar für die Wurzeln, die sie gelegt haben, und das gute Beispiel, das sie mir vorgelebt haben: nicht übertrieben fromm, aber rechtschaffen, einfach und gutmütig.

Zwei große Sorgen hatte ich aber schon: zum einen die Sorge, unsere Kinder bis zum Erwachsensein begleiten zu können, und zum anderen, meine Mutter, die ja bei uns im Haus wohnte, nicht alleine lassen zu müssen. Und ich habe immer wieder gebetet, dass mir dies gelingen möge.

Meine Luft wurde immer weniger, sodass das Leben langsam beschwerlich wurde. Die Kinder waren inzwischen erwachsen. Meine Mutter durfte mit 88 Jahren friedlich einschlafen. Es waren immer öfter stationäre Aufenthalte im Krankenhaus notwendig und die Sauerstoffversorgung unumgänglich. Es war eine harte Zeit, in der ich versuchte, diese Verschlechterung zu verkraften. Hinzu kam noch, dass es jetzt so weit war, dass nur noch eine Transplantation meine letzte Chance zum Weiterleben bedeutete. Ich wollte es nicht hören und wahrhaben. Weil ich niemanden kannte, der ein ähnliches Krankheitsbild hatte oder erfolgreich transplantiert war, zweifelte ich daran, überhaupt eine Chance zu haben, und mir graute davor, dies alles durchzustehen. Ich dachte immer: Ich nicht, ich will diese Entscheidung jetzt noch nicht treffen müssen. Und ich musste an meine verstorbene Mutter denken. Wie oft habe ich zu ihr gesagt, wenn sie in den letzten Jahren jammerte und sagte, sie könne dieses und jenes nicht mehr bewerkstelligen: »Freue dich an dem, was du noch kannst.« So musste ich mich jetzt an meiner eigenen Nase packen und mich wirklich an dem freuen, was ich noch konnte. Ich war noch da. Es war schon sehr schwer, von nun an mit einem Schlauch in der Nase und Sauerstoffgerät im Rucksack aufzutreten. Aber das größte Problem hat man mit sich selbst. Man schämt sich fast. Den anderen tut es lediglich leid. Kraft fand ich immer wieder im Gebet und wenn ich abends allein war und zu grübeln beginnen wollte, habe ich einfach gebetet, das beruhigt sehr. Sehr viel geholfen haben mir meine Familie und meine Freunde und Bekannte, die mir immer Halt gegeben haben.

Es fiel mir furchtbar schwer, immer weniger tun zu können, und ich war oft sehr traurig, wenn ich die anderen arbeiten oder vorbeifahren sah, zum Beispiel mit dem Traktor. Ich konnte nicht mehr. Auch wollte ich meine Familie nicht immer mit meinen Sorgen belasten, aber mit wem sollte ich denn sonst darüber reden? So habe ich mir ein Heft angelegt und meine Sorgen niedergeschrieben. Dann war mir manchmal wieder etwas wohler. Als ich erneut im Krankenhaus lag und mir immer dringender empfohlen wurde, mich zur Transplantation auf die Liste setzen zu lassen, war ich wieder einmal sehr niedergeschlagen. Da ist mir eine Geschichte eingefallen, die unser Pfarrer Pater Johannes einmal beim Gottesdienst erzählte. Ein Stuhl aus Holz und ein Polstersessel stehen nebeneinander. Da sagt der Holzstuhl: »Eigentlich ist es ungerecht. Alle setzen sich auf den gepolsterten Sessel und mich will keiner.« Da sagt der Polstersessel: »Das ist ganz einfach zu erklären: Ich gebe nach.« Die Geschichte hat mir gefallen, aber ich habe weiter überlegt. Bald darauf traf ich Pater Johannes und ich sagte zu ihm: »Die Geschichte mit den Stühlen hat mir sehr gefallen, aber wenn man immer nachgibt, wird man irgendwann zusammengesessen.« Darauf antwortete er: »Frau Pfister, dazu gibt es den Polsterer.« Ja, so ein Polsterer wäre auch für mich manchmal nötig.

Einige Zeit später betrat eine Krankenschwester mit meiner Krankenakte in der Hand mein Zimmer und sagte, ich solle zum Chefarzt kommen, er möchte mit mir reden. Es war ein unglaublich gutes Gespräch mit Herrn Dr. Pflederer, er machte mir so viel Mut, dass ich fast überzeugt war, stark genug für eine Transplantation zu sein und das alles packen zu können. Zum Abschluss habe ich Dr. Pflederer noch die Geschichte vom Sessel erzählt und ihm gesagt, dass er jetzt mein Polsterer sei.

Meine Werte verschlechterten sich weiter, ich wurde so schwach, dass ich während dieses Krankenhausaufenthalts irgendwann auf die Intensivstation verlegt wurde und dort einen Herzstillstand erlitt, den ich wie durch ein Wunder und dank der raschen und guten Hilfe von Ärzten, Schwestern und Pflegern überlebte. Als ich aus dem künstlichen Koma erwachte und so hilflos dalag, kam mir der Psalm 23 in den Sinn, den wir im Chor als schönen Chorsatz singen und der mir immer schon sehr gut gefiel: »Der Herr ist mein Hirte, mir wird nichts mangeln und vor allem fürchte ich kein Unheil, denn du bist bei mir.«

Ja, vor allem das »Du bist bei mir« hat mir sehr viel Trost gegeben. Ich dachte mir immer, es kann mir ja nichts passieren. Ich bin gläubig, also glaube ich, dass ich in seine Hand fallen werde, wenn es also jetzt mit meinem Leben vorbei sein sollte. Ganz stolz bin ich auf die Reaktion unserer Kinder. Als ich im Koma lag und niemand wusste, wie und ob es weitergeht, holten sie unseren Pfarrer, um mir die Krankensalbung spenden zu lassen. Und ich bin fest davon überzeugt, dass es geholfen hat. Ich sage es immer wieder, dass ich kein Wunder erwartet habe. Warum gerade bei mir? Aber die Kraft, alles so gelassen durchzustehen, die habe ich von unserem Herrgott erhalten.

Eine 80-jährige Mitpatientin im Krankenhaus hat einmal zu mir gesagt: »Jetzt bin ich 80 Jahre, aber wenn jemand zu mir sagen würde, ich muss bald sterben, würde ich richtig erschrecken.« So wird es wohl sein, dass man mit 80 Jahren auch noch am Leben hängt, genauso wie mit 50. Es ging mir langsam wieder besser und alle freuten sich mit mir. Wie wichtig waren die freundlichen Worte der Ärzte und Schwestern für mich – das durfte ich wirklich reichlich erfahren.

Zu Hause angekommen habe ich am ersten Tag, glaube ich, nur geweint, weil mir klar wurde, dass ich mit meinem bisschen Luft eigentlich nichts mehr tun konnte außer leben. Sehr geholfen haben mir unsere Freunde und Bekannten. Am Abend waren noch Freunde da und als sie bemerkten, dass ich traurig war und an mir zweifelte, sagten sie: »Schau, du hast uns jetzt deine Zeit geschenkt und uns unterhalten.«

Inzwischen war ich für die Transplantation gelistet, mein Handy war mein ständiger Begleiter, in der Hoffnung, dass es doch recht bald klingeln möge, weil es mit der Luft immer enger wurde. Ich war zuversichtlich und fest davon überzeugt, dass ich dies, so Gott will, schaffen würde, denn so herumzusitzen und nur zuzusehen, wie alle anderen arbeiteten, gefiel mir auch nicht mehr. Aber man sieht das Leben ganz anders, es bekommt andere Werte. Manche Sachen, die ich früher für so wichtig hielt, schwanden zur Kleinigkeit oder ich musste fast darüber lachen. Auch habe ich von jetzt an nichts mehr vor mir hergeschoben, denn ich wusste ja nicht, was morgen sein würde. Das ging so weit, dass ich mein Testament geschrieben habe, was mich danach sehr beruhigte.

Ich bin ein Mensch, der sehr gerne unter Menschen ist. Zwar habe ich unendlich viel Besuch bekommen und eine Wertschätzung erfahren, die unglaublich ist – so ein Geschenk bekommt man als Gesunder selten –, doch habe ich sehr vermisst, aus dem Haus gehen zu können. Zum Kirchenchor konnte ich auch nicht mehr. Erstens hatte ich keine Luft, um die Treppen zur Empore zu besteigen, und zweitens hatte ich keine Luft zum Singen. Alle meine Ehrenämter musste ich loslassen, was bestimmt nicht leicht war. Mein Mann hatte die gute Idee, einen Rollstuhl zu besorgen, somit konnte man mich wieder mitnehmen.

Es kostete mich anfangs allerdings viel Überwindung, so aufzutreten. Zuerst schob man mich nur auswärts, bis ich dann den Mut fasste, im Dorf das Gleiche zu tun. Er war für mich ein kleines Stück neu gewonnene Freiheit. Meine Familie,

Freundinnen und Nachbarinnen kamen oft spontan und sagten: »Komm, wir nehmen dich mit und gehen spazieren oder unternehmen etwas.« Das hat mir sehr gutgetan. Wenn ich in der Kirche hinten am Gang saß, sind viele vorbeigekommen, haben mir auf die Schulter geklopft und gesagt: »Schön, dass du wieder bei uns bist.« Ich denke manchmal noch an diesen Fronleichnamstag – im letzten Jahr hatte ich es nicht mehr geschafft mitzugehen. Was macht man an so einem Tag, wenn die Prozession am Haus vorüberzieht und man gerne dabei wäre? Zum Fenster hinausschauen und weinen. Und nun konnte ich wieder dabei sein. Zwar im Rollstuhl, aber ich war wieder dabei und konnte teilnehmen.

Ich hatte eine innere Kraft und um die habe ich immer wieder gebetet. Wenn der Chor sang und jemand sagte: »Schade, dass du nicht mehr dabei sein kannst«, sagte ich immer: »Nächstes Jahr wieder.« Geglaubt haben es mir die wenigsten, aber ich war überzeugt, wenn alles klappt und ich ein Organ bekomme, dann schaffe ich das.

Bei den medizinischen Kontrollen zur Vorbereitung der Transplantation fiel immer wieder der Satz: »Sie müssen wollen.« Nun, an mir sollte es nicht liegen. Ich wollte es schaffen, das alles durchstehen und ich hatte eigentlich noch viel vor. Ich hoffte, dass sich irgendwann, möglichst bald, ein Spender finden und mir ein neues Leben ermöglichen würde. Meine Lunge ist schlussendlich ganz zusammengebrochen, sodass ich nun stationär bleiben musste – ja ich muss sagen: bleiben durfte –, bis sich ein Organ gefunden hatte, denn im Krankenhaus fühlte ich mir irgendwie sicher. Meine Transplantation wurde in Innsbruck vorbereitet, denn Österreich hat ein anderes Gesetz zur Organspende, die sogenannte Widerspruchs-Regelung. Dort ist jeder potenzieller Spender, der keinen Ausweis hat, mit dem er eine Organspende ablehnt. Es ist also umgekehrt geregelt wie in Deutschland. Dr. Pflederer hatte mich dahin empfohlen. Auch ist die Uniklinik Innsbruck auf dem Gebiet Transplantationsmedizin weltweit führend – es ist schon ein Glück, an die richtigen Ärzte zu kommen.

Große Hoffnung schöpfte ich auch durch die vielen Patienten in Innsbruck, die schon erfolgreich transplantiert waren und die mir in vielen Gesprächen Mut machten, aber auch von den Risiken und Folgeerscheinungen erzählten. Im Nachhinein betrachtet wäre es für mich besser gewesen, wenn ich mich mit dem Thema Transplantation früher und intensiver auseinandergesetzt hätte. Ich gab mich mit Statistiken über Überlebenschancen und oberflächlichen Informationen zufrieden. Das führte dazu, dass die Angst meine Hoffnung auf ein neues Leben überwog und ich dieses Thema vor mir herschob, bis es fast zu spät war.

Und dann immer wieder die freudigen Überraschungen. Zwei gute Bekannte von mir, die beide keinen Pkw-Führerschein haben, hatten sich einfach zu einer Busfahrt zum Weihnachtsmarkt angemeldet, um mich im 200 km entfernten Innsbruck zu besuchen.

Irgendwann kam der große Tag und ich wurde operiert. Als ich nach einigen Tagen wieder erwachte, saß meine Familie am Bett, die mich immer wieder ermutigte. »Mama, du musst wieder gesund werden, wir brauchen dich noch.« Das gibt einem viel Kraft und es wurde mir klar, dass es sich lohnt zu kämpfen. Ja, gekämpft habe ich viel und alles mitgemacht, was möglich war. Und das »Sie müssen wollen« ist mir in der nicht einfachen Zeit oft durch den Kopf gegangen. Einmal hat meine Tochter mir eine Karte mitgebracht, auf der sie die Namen aller Menschen aufgeschrieben hatte, die zur Zeit der Operation nach mir gefragt und für mich Grüße aufgegeben hatten. In einer Zeit, in der man selbst nicht mobil und monatelang im Krankenhaus abgeschottet ist, lebt man von jedem lieben Gruß und jeder besorgten Nachfrage, die einem zugetragen wird. Da rollen schon mal die Tränen vor Freude, gerade bei solchen Kleinigkeiten – auch wenn man sich das als Gesunder nicht vorstellen kann.

Unendlich dankbar bin ich diesem Menschen, der mir sein Organ geschenkt hat. Ich bete jeden

Tag für ihn und seine Familie, die er verlassen musste. Ich wünsche mir sehr, dass sie meine Dankbarkeit und meine Freude an diesem neuen Leben spüren können.

Später wurde mir erzählt, dass sich fünf Frauen aus unserem Bekanntenkreis zwei Wochen lang jeden Tag trafen, um gemeinsam für mich zu beten. Ich muss es noch mal sagen: Es war unglaublich, was ich durch meine Krankheit für eine Wertschätzung erfahren durfte, und ich bin fest davon überzeugt, dass ich durch das Gebet aller so viel Kraft erhalten habe und meine Krankheit so gelassen durchstehen konnte.

Ich habe mir immer, als ich lange so schwach dalag, den Tag vorgestellt, an dem ich einigermaßen genesen nach Hause gehen kann. Die Freude darauf hat mich ermutigt, weiterzukämpfen und nicht aufzugeben. Auch hat sich in meinem neuen Leben meine persönliche Einstellung zu manchen Dingen verändert. Ich freue mich über jeden Tag, den ich lebe, und mich belasten keine Zukunftsängste mehr.

Irmgard Pfister

Leidenswege

Betroffen

Die Tür fällt ins Schloss.
Alleine da sitzen.
Der Boden unter mir schwankt.
Die Gedanken wirr,
die Augen offen, ohne zu sehen.
Kein Blick für das Wolkenbild am Himmel,
für die spielenden Sperlinge im Baum
vor dem Fenster.
Ich spüre den beschleunigten Herzschlag
in den Schläfen.
Auf einmal bin ich betroffen.

Was immer nur den anderen widerfahren ist,
wovon ich immer nur in der Zeitung las oder im
flüchtigen Bekanntengespräch erfuhr – jetzt ist es
meine Wirklichkeit.
Der ernste Blick des Arztes, die besorgte Geste der
Krankenschwester, die beflissene Art meiner Ange-
hörigen verhieß schon nichts Gutes.

Auf einmal erscheint alles anders, die Wahrneh-
mung ändert sich. Wie gerne verdränge ich,
schüttle ich beklemmende Gedanken ab, rede ich
mir ein, dass ich mich täusche, dass ich mir alles
nur vormache. Doch dann kommt der Augen-

blick, wo es keine Ausflucht mehr gibt:
Ich bin betroffen.
Es geht um mich.
Der Verlust, von dem gesprochen wird,
ist mein Verlust.
Die Krankheit, die diagnostiziert wird,
ist meine Krankheit.
Die Einsamkeit, die sich breitmacht,
ist meine Einsamkeit.
Die Verzweiflung, die hochkommt,
ist meine Verzweiflung.
Die Angst, die durch nichts zu betäuben ist,
ist meine Angst.
Ich stehe im Brennpunkt des Schicksals.
Warum ausgerechnet ich?

Der oberflächliche Optimismus ist an seine Grenze
gekommen. Sprüche wie »Das wird schon wieder ...«, »Du hast schon andere Sachen gemeistert
...«, »So schlimm wird es bestimmt nicht ...«,
klingen jetzt wie Hohn.

Es ist schlimm, es wird nicht wieder, ich bin jetzt
an einer Grenze. Und ich habe Arbeit genug, das
selbst zu verstehen. Umso ärgerlicher ist es, wenn
ihr in meiner Umgebung es nicht verstehen wollt.

Was nun?
Ich weiß es nicht.

Achselzucken.

Eigentlich ist doch alles egal.

Was ich jetzt will?

Keine Ahnung.

Zeit?

Habe ich keine.

Nachdenken?

Alles ist so wirr.

Das Schicksal hat mich getroffen. Ich liege am Boden – kurz vor dem K.o.
Ob ich wieder auf die Beine komme? Alles ist unklar. Jetzt entwickle ich keine Strategie. Jetzt gehe ich nicht planvoll vor.

Tiefer Schmerz hat mich verwundet, und gleichwertig daneben tauchen in meinen Gedanken banale Nebensächlichkeiten auf. Die Frage nach meiner Zukunft geht Hand in Hand mit dem Gedanken, dass jemand noch meine Wäsche vom Balkon nehmen muss.

Oben und unten, vorhin und jetzt, wichtig und banal sind aus ihren Koordinaten gefallen. Eine große Erschütterung hat mein Leben verändert. Pläne und Zukunftsgedanken sind von einem Augenblick auf den anderen hinfällig.
Jetzt ist jetzt – und jetzt hat es mich getroffen.
Mehr kann ich im Augenblick nicht sagen.

Edvard Munch: Der Schrei

Hinausschreien

Ein düsteres Bild.
Kunstgeschichtler sprechen von einem epochalen
Bild – typisch für ein Lebensgefühl des modernen
Menschen. Vor über 100 Jahren schuf der
Norweger Edvard Munch dieses Bild. Picasso und
Bacon haben viele Jahre später das Motiv des
Schreies in ihren Werken aufgenommen.

Über eine Brücke kommt einer auf mich als
Betrachter zu.
Im Hintergrund ein Fjord, Schiffe, die ankommen
oder ablegen.
Zwei dunkle Gestalten gehen in die andere
Richtung,
nur ihre Umrisse sind zu sehen, kein Gesicht,
keine Geste.
Eine Begegnung hat wohl kaum stattgefunden.
Neben der Brücke gähnt der Abgrund.

Das Gesicht meines Gegenübers ist voller Ent-
setzen.
Mund und Augen aufgerissen.
Das Gesicht verformt, einem Totenkopf ähnlich.
Die Hände seitlich an das Gesicht gelegt.

Und dieser Mensch schreit, schreit hinaus, was
ihn bewegt.
Angst oder Schmerz, Verzweiflung oder Ratlosigkeit.

Da kommt ein Mensch nicht mehr weiter, der
Weg zurück kommt offensichtlich nicht mehr in
Frage. Einen Ausweg gibt es nicht. Alles läuft auf
einen dramatischen Punkt zu. Und da bleibt nur
noch der Schrei.

Der Schrei eines anderen, oder mein Schrei?
Der laute Schrei oder der stumme Schrei in mir?

Ich möchte meine Not hinausschreien.
Ich erinnere mich, dass es mir als Kind wohltat,
einfach loszuschreien. Damals durfte ich das,
wenn etwas wehtat, wenn ich mich überfordert
fühlte. Heute soll ich mich beherrschen.
Warum eigentlich?

Ich bin bemüht, meiner Not einen Namen zu
geben, und um mich herum möchte man sie
gerne benannt wissen. Doch so weit bin ich nicht.
Ich stehe nicht über der Sache, habe nicht die
gewohnte Souveränität. Ich stehe vor einem
Abgrund, in dunklem Land, voller Düsternis in
mir. Ich habe Angst, Grauen packt mich –
ich möchte schreien.

Vielleicht hilft mir ein Schrei, Last loszuwerden.
Ich habe keine Worte für das, was in mir
geschieht. Doch ich habe einen Schrei, das
Gefühl kann mir durch die Kehle gehen, mich
in Schwingung versetzen.

Ich habe Tränen und ich darf die Erschütterung
des Weinens zulassen.
So kann das Leid der Seele sich ganz leibhaftig
ausdrücken.
Schreien und Weinen kann auch befreien.

Vielleicht der erste Schritt nach vorn?

Klage

Der Alltag geht seinen Gang.
Arbeit und Sorge um das Gewöhnliche,
Pflichterfüllung und die kleinen Freuden.
Um was man sich nicht alles Gedanken macht!
Worüber man sich alles aufregen kann!

Und dann der Augenblick, in dem alles anders wird.

Selbst wenn sich etwas schon lange abzeichnet,
es gibt den Moment, in dem mir die Konsequenz
dessen bewusst wird, was mir widerfährt. Ich
muss mich einer ganz neuen Realität stellen und
genau das wirft mich um.
Die Hiobsbotschaft, die mir gilt, lässt alles anders
werden.

Der Namensgeber dieser Schicksalsnachrichten –
Hiob – ist in der Bibel die Leidensgestalt schlecht-
hin. An seinem Beispiel erzählen die Verfasser der
Bibel die tief greifende Auseinandersetzung der
Menschen mit dem Leid. Am Beispiel des Hiob
wird das Leid als Erschütterung des Glaubens
plastisch und bildhaft in Szene gesetzt.

Gerecht und wohlhabend lebte Hiob, um alles zu
verlieren. Reichtum, Familie und Gesundheit –

urplötzlich weg. Die Grundlagen bisherigen Lebens – in rasender Geschwindigkeit vernichtet. Hiob verliert nicht gleich den Boden unter den Füßen.

Er ist stark im Nehmen. Doch auch diese Stärke hat ihre Grenzen. Irgendwann wird es zu viel. Irgendwann haut es auch den Stärksten um.

Hiob verleiht seinem Schmerz einen Ausdruck: Er zerreißt sein Gewand und schert sein Haupt. Wie wichtig kann es sein, eine Geste für das wühlende Gefühl in mir zu finden. Auf und ab zu gehen. Die Tür zuzuknallen. Mit der Faust gegen die Wand zu schlagen. Den Kopf in die Hände zu vergraben. Stumm einen einsamen Platz aufzusuchen.

Hiob findet auch Worte für sein Leid. Er klagt und verflucht:

> Danach tat Hiob seinen Mund auf und verfluchte seinen Tag. Hiob ergriff das Wort und sprach: Ausgelöscht sei der Tag, an dem ich geboren bin, die Nacht, die sprach: Ein Mann ist empfangen.
>
> Hiob 3,1–3

> Zum Ekel ist mein Leben mir geworden, ich lasse meiner Klage freien Lauf, reden will ich in meiner Seele Bitternis. Ich sage zu Gott: Sprich mich nicht schuldig, lass mich wissen, warum du mich befehdest.
>
> Hiob 10,1–2

Hiob stellt sein Leben in Frage, sieht keinen Sinn mehr. Wenn mich die Krankheit, der Schmerz, die Trauer, der Verlust am Nerv treffen, ist das genau die Frage, die in mir bohrt: Warum lebe ich überhaupt?

Hiob wird geschildert, wie er auf dem Misthaufen sitzt und mit Scherben seine Wunden auskratzt. Hiob ist eine Gestalt Israels, des Gottesvolkes, das aus der Verheißung auf das Gelobte Land lebt. Und jetzt endet er auf dem Misthaufen. Das Gelobte Land, das erfüllte Leben ist zur Farce verkommen. Als Tiger gesprungen, als Bettvorleger gelandet. Schäbiges Ende aller Träume.

Bin ich geboren, um diesen Schmerz zu erleben? Und ich wünsche mir, nicht geboren zu sein. Ich empfinde meinen Ursprung als Verhängnis, meinen Anfang als Skandal. Wenn doch alles nur ungeschehen sein könnte – einschließlich meines Lebens. Was bringt es denn? Was habe ich denn noch vom Leben? Was erwartet mich? Einfach nicht mehr sein – dieser Gedanke ist mitunter der einzige, in dem noch so etwas wie Trost liegt.

Die Klage erfordert auch meinen Mut. Sie ist nicht Ausdruck von Wehleidigkeit und Jammer.

Die Klage beinhaltet das Eingeständnis, dass ich
an einer Grenze bin.
Ich bin ehrlich zu mir selbst und meiner Situation
gegenüber.
Ich höre auf, zu überspielen.

Ich mache Schluss mit dieser aufgesetzten
Selbstbeherrschung.
Ich zeige mir und meiner Umgebung, dass die
Quelle meiner Antwortmöglichkeiten erschöpft ist.
So oft wusste ich noch weiter, so oft hatte ich
noch eine Antwort, immer wieder habe ich mich
aufgerafft.

Jetzt ist Schluss.

Wie Hiob lasse ich mich fallen,
nicht in eine bergende Hand,
nicht in eine neue Zukunft,
sondern einfach in die Klage über mein Leben.
Meine Kraft und der aufrechte Gang sind verloren
gegangen.
Es ist nicht mehr möglich,
auf den eigenen Beinen zu stehen –
selbst-ständig zu sein.
Ich sitze auf dem »Mist«, der mir die Lebensfreude nimmt.

In der Selbstwahrnehmung dominieren Schmerz, Schwäche und Bedürftigkeit. Es erfordert Mut, mich selbst so wahrzunehmen und mich in dieser Situation anzunehmen. Und es erfordert Mut, all das auszusprechen, zu beklagen.

Schweigen, das in Klagen übergeht – vielleicht schon ein Schritt über den absoluten Tiefpunkt hinaus?

Weg vom Fenster

Georg Baselitz ist ein Künstler unserer Tage.
Er hat das Leid eines Menschen in einem erschütternden Bild aufgegriffen, auf bedrückende und
deprimierende Weise, rücksichtslos und ohne
jede Beschönigung. Das Bild tut weh und vielleicht kann ich es jetzt nicht anschauen. Aber
Schonungslosigkeit kann auch guttun. Sie kann
helfen, die Berührungsangst mit meiner Situation
zu überwinden. Wenn es nichts mehr zu verber-
gen gibt, kann ein ganz neuer Anfang möglich
werden.

»Ein Platz an der Sonne«, dies ist ein beliebtes
Lebensmotto. Wer will ihn nicht? Auf der Sonnen-
seite stehen, gute Aussichten genießen, Wärme
und Wohlbefinden erleben – dieser Wunsch ist
tief verwurzelt. Auch für mein Leben gilt dieses
Motto. Galt es.

Denn jetzt bin ich »weg vom Fenster«, zugleich
der Titel des Bildes. Alles ist auf den Kopf gestellt,
an die Stelle guter Aussichten ist der verzweifelte
Schrei, die Abwendung getreten.

Georg Baselitz, Weg vom Fenster

Durch das Fenster sind nur Dunkel und ein kahler
Baum zu sehen. Keine Aussicht mehr, die guttut,
nichts mehr, das Hoffnung weckt. Der Blick nach
draußen ist nur noch eine enge Öffnung. Nichts
ist zu sehen, was Freude macht oder Lebensmut
schenkt.

Auf gleißendem Weiß liegt eine Gestalt.
Wie im grellen Scheinwerferlicht.
Dem Dunkel des Fensters ist die Helligkeit dieser

Fläche entgegengestellt.
Doch dies ist kein Licht, dem ich mich zuversicht-
lich zuwende.
Der Schrei in größter Not ist ins Helle gezerrt.
Gleißendes Licht über allen Untersuchungs-
tischen.
Die Intimität ist verloren gegangen.
Schonungslos ausgesetzt krümmt sich meine Not.

Die Gestalt hat sich von der Fensterluke abgewandt. Das Dunkel spiegelt sich im Körper dieses
Menschen, die düstere Aussicht hat Gestalt
angenommen. Die Hände liegen an der Intimzone.
An der vitalsten, faszinierendsten, schwächsten
und verletzbarsten Stelle bin ich getroffen. Bloß
und schutzlos liege ich da. Abgewandt zur
dunklen Mauer, nur noch mit dem Schrei im
Gesicht: Weg vom Fenster.

Es gibt immer so viel zu tun. So viele Verbin-
dungen prägen mein Leben. Immer wieder gibt es
neue Aufgaben zu bewältigen. Neue Perspektiven
und Aussichten machen das Leben spannend und
herausfordernd. Und plötzlich: Weg vom Fenster.
Allein und ohne Hoffnung.

Der Blick auf das Bild schmerzt.
Er bedrückt mich.

Wird da nicht alles viel zu pessimistisch gezeichnet?
Mag sein.
Doch in mir ist im Augenblick kein Platz für Optimismus. Schon gar nicht für jene billige Art, die nur beschwichtigt und über mein Elend hinwegredet.

Das Bild von Baselitz beschönigt nichts. Es lässt auch keine Hintertür verborgener Hoffnung offen. Diese Ehrlichkeit ist beklemmend.
Doch sie kann mir auch helfen, dort anzukommen, wo ich bin: in einer tiefen Krise.

Wenn es geht, will ich weglaufen. Doch es gibt die unüberwindlichen Hindernisse, das Gefühl der Lähmung, die Erfahrung, nicht mehr von der Stelle zu kommen. Das ist bitter.

Es zuzugeben, nimmt bereits einen Druck von mir. Ich versuche nicht mehr verzweifelt, das Sinnlose zu tun. Ich spiele mir und anderen nichts mehr vor. Ich muss nicht mehr unglaubliche Energie aufbringen, die mich verzehrt und die doch zu nichts führt.

Ich komme in meiner Krise an und lasse es zu, dass ich wehrlos bin.

Woher kommt Hilfe?
Diese Frage gebe ich nicht auf.
Mir steht das Wasser bis zum Hals,
aber ich bin noch nicht untergegangen.
Nie sind alle Türen des Guten verschlossen.

Gesichtsverlust

Das Gesicht wahren – das war für mich immer so
wichtig.
Das Gesicht ist unsere Visitenkarte.
Es erzählt einen Teil unserer Lebensgeschichte.
Sorgen- und Lachfalten sind da eingeprägt.
Freundlichkeit und Ärger drücken sich aus.

Wenn wir einem Menschen etwas erzählen,
achten wir auf sein Gesicht. Welche Reaktion
zeigt er? Lacht er oder schaut er pikiert?
Drückt sein Gesicht Gelassenheit oder
Sorge aus?

Das Gesicht ist ein komplexes System an Aus-
drucksformen.
Augen und Mund, Stirn und Nase können in so
ungeheuer vielfältigen Kombinationen etwas
ausdrücken und mitteilen. Mit vertrauten Menschen reicht oft der Blick, ein kurzes Lächeln, und
viele Worte werden dadurch überflüssig.

Weil das Gesicht so viel mitteilt, macht es uns
auch besonders verletzlich. Vielleicht reagiere ich

mit Worten ruhig und sicher, doch mein Gesicht
verrät meine Unsicherheit. Vielleicht gelingt mir in
einer Situation eine witzige Bemerkung, doch
mein Gesicht teilt mit, dass mir nicht nach Witzen
ist. Wohl deshalb sind wir oft so bemüht, das
Gesicht zu wahren.

Ich ringe um Selbstkontrolle und will nicht jeden
in mein Inneres blicken lassen. Daher ist es mir
wichtig, mein Gesicht meinem Willen unterzu-
ordnen.

Ich will ein Bild von mir auch anderen mitteilen.
Ich weiß, wie ich gerne sein möchte, und versuche, den entsprechenden Eindruck zu erwe-
cken. Ich grenze mich ab und versuche, andere
Eindrücke zu vermeiden. Mein Gesicht, mein
Blick, meine Worte sollen vermitteln, was mir
über mich selbst wichtig ist.

Deshalb gestehe ich mir Tränen oft nicht zu.
Ängstlichkeit und Erschütterung passen nicht zu
dem Bild, das ich von mir weitergeben möchte.
Ich will nicht auf andere angewiesen sein. Ich will
mein Leben im Griff haben. Es ist mir peinlich, in
meiner Erbärmlichkeit gesehen zu werden. Ich
habe Angst, mein Gesicht zu verlieren.

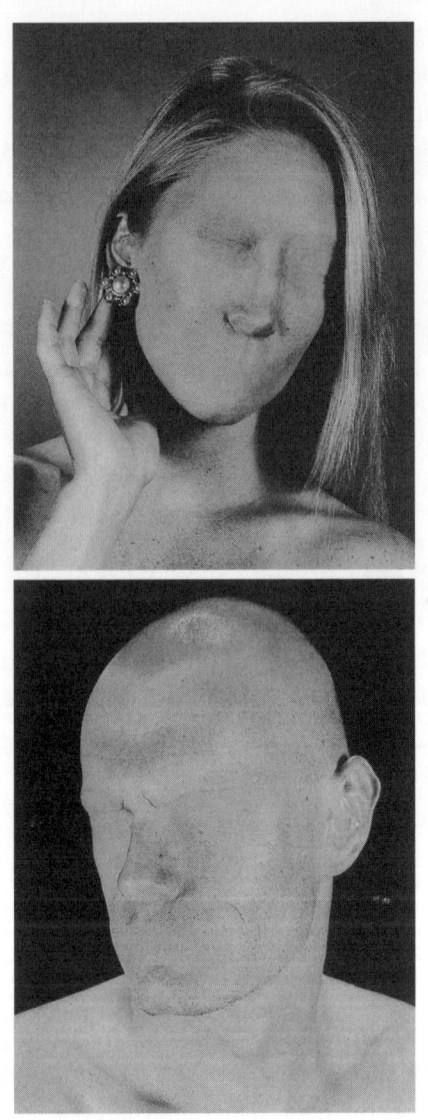

Anthony Aziz und Sammy Cucher: Ohne Titel

Die digitale Bildbearbeitung der Schweizer
Künstler Aziz und Cucher erschreckt mich. Da
haben Mann und Frau ihr Gesicht verloren. Die
Einzigartigkeit der Person ist aufgelöst. Das, was
einmal typisch war, ist nicht mehr zu erkennen.
Im Zeitalter der Bildbearbeitungsprogramme
unserer Computer ist es ein Leichtes, ein Bild
restlos zu verändern, ein Gesicht auszuradieren.

Das Bild der gesichtslosen Menschen trifft mich.
Meinen selbstsicheren Blick, ich habe ihn verloren.
Mein heiteres Lächeln, es ist verschwunden.
Mein nachdenklich prüfendes Runzeln der Stirn
ist aus den Fugen geraten.
Die Selbstkontrolle funktioniert nicht mehr.
Das Bild, das ich von mir weitergeben wollte,
gehorcht nicht mehr meinem Willen.
Ich habe mein Gesicht verloren.

Was werden die anderen denken und wahrneh-
men, wenn sie mich sehen? Was verrät ihnen mein
ängstlicher Blick, das Flackern in meinen Augen?
Was löst es in ihnen aus, wenn sie spüren, dass
mir Tränen aufsteigen?

Meine Lippen beben, wenn ich spreche – wie
kommt diese Unsicherheit bei den anderen an?
Spüren sie, dass meine Worte und mein Bemühen

um Haltung im Widerstreit stehen, dass ich um Beherrschung kämpfe?

Auf einmal lerne ich, wie wenig Menschen es sind, denen ich wirklich Anteil geben möchte an meinem Innersten. Ich ahne, wie oft ich mit meinem Gesicht über eine ehrliche Begegnung hinweggetäuscht habe, mich geschützt habe. Jetzt geht dieser Schutz verloren, ich fühle mich ausgesetzt.

Habe ich mein Gesicht wirklich verloren? Das Bild fordert gerade danach, wieder Profil und neue Schärfe entstehen zu lassen.
Kommt nun auch bei mir ein neues Gesicht zum Vorschein? Das ich erst selbst kennenlernen und akzeptieren lernen muss? Das meinem Inneren aber möglicherweise viel näher kommt, als so viele Gesichter, die ich zuvor zeigte?
Gesichtsverlust kann der Anfang einer Wand-lung sein.
Wandlung wohin?
Vielleicht ist da ein neuer Weg, noch wolkenver-hangen und unklar – aber immerhin – ein Weg!

Kraftlos

Elija ging eine Tagesreise weit in die Wüste hinein.
Dort setzte er sich unter einen Ginsterstrauch und
wünschte sich den Tod. Er sagte: Nun ist es genug,
Herr. Nimm mein Leben, denn ich bin nicht besser
als meine Väter. Dann legte er sich unter den
Ginsterstrauch und schlief ein.

1 Kön 19,4–5

Elija steht in der Bibel für ein Programm, eine
Lebenshaltung. Als Verfechter des Jahwe-Glaubens
stellt er sich dem Baalskult entgegen, der im
Königspalast des Gottesvolkes Fuß gefasst hat.
Hinter der Rivalität der Gottesvorstellungen steht
mehr als religiöser Eifer und Fürwahrhalten von
Sätzen. Es geht um Lebenskonzepte, um das
Grundverständnis seines eigenen Lebens.

Der Baalskult geht davon aus, dass der Lebenser-
folg vom Opfer des Menschen an die Lebens-
mächte abhängt. Karriere und Niederlage, Gewinn
und Verlust sind demnach Folge der eigenen
Leistungen. Die Götter geben, was der Mensch
sich durch die Opfer verdient. Ihre Zuwendung ist
nicht Liebe, sondern Bezahlung. Auf mich

bezogen heißt das: Ich ernte in meiner Lebensgeschichte, was ich mir verdient habe.

Der Jahwe-Glauben grenzt sich davon ab. Alles
kommt von Jahwe und er neigt sich dem Menschen zu, lässt es regnen über Gute und Böse. Er
schenkt seine Zuneigung ohne Vorleistung,
unverdientermaßen, umsonst. Vertrauen auf die
liebende Zuwendung Gottes ist die Grundausrich-
tung eines Lebens im Jahwe-Glauben.

Elija hat für dieses Lebenskonzept gekämpft, mit
aller Kraft – und letztlich keinen Erfolg gehabt.
Elija macht die bittere Erfahrung, dass alles,
wovon er zutiefst überzeugt ist, sich als wahr und
lebensnotwendig erweist und er dennoch damit
keine Resonanz findet. Dies führt ihn in die bittere
Krise, in die Lebensmüdigkeit und in die Kraftlosigkeit.

Die Erfahrung, dass alles umsonst war, dass all
meine Bemühungen scheitern, dass ich mit
meinen Überzeugungen und tiefen Gefühlen allein
bleibe, kenne ich auch. Für das, was in mir glüht,
bin ich bereit zu kämpfen, auch gegen Wider-
stände.
Doch irgendwann komme ich an den Punkt Elijas.
Nichts geht mehr. Ich frage mich, was alles soll.

Ich sehe keinen Sinn mehr, mich weiterhin
aufzureiben. Alles, was so gut gemeint war, hat zu
keinem Ergebnis geführt – jetzt geht mir die Kraft
aus. Ausgebrannt fehlt mir jede Energie.

Der Anspruch, einen neuen Akzent zu setzen, ein
Stück weiterzukommen, ist kläglich gescheitert.
Nichts ist besser als früher. Es scheint, als hätte
sich alles gegen mich verschworen. Ich befinde
mich in der Wüste und habe den Lebensmut
verloren. Mit Elija sitze ich da und erfahre meine
tiefe Krise.

Doch immer noch ist da ein Keim von Vertrauen,
von Beziehung. Die Verbindung zu dem, von dem
sich Elija geliebt glaubt, ist nicht restlos abge-
schnitten. Im Moment geht davon scheinbar keine
Kraft mehr aus. Doch alles kann sich ändern, vom
Guten zum Schlechten – und umgekehrt.
Welcher Veränderung gehe ich entgegen?

Endlichkeit annehmen

Die Welt ist die Wohnstatt des Menschen, ihm anvertraut und er soll diese Welt bebauen und behüten. Dieses Verständnis vermitteln die biblischen Schöpfungstexte und sie geben Orientierung für Auftrag und Verantwortung des Menschen.

In der konkreten Lebensgestaltung spiegelt sich diese Orientierung vielfach. Ich erlerne meinen Beruf, gründe Familie, lebe in Beziehungen, übernehme Aufgaben, baue an meiner Existenz. Das eigene Haus ist oftmals Inbegriff eines zielgerichteten Schaffens. Es gibt mir ein Zuhause, ist sichtbarer Ausdruck meines Tuns. Jeder baut an seinem Lebenshaus.

Dies alles ist auf Zukunft ausgerichtet. Ich plane, nehme mir etwas vor, habe Nah- und Fernziele, entwerfe Strategien. Über das, was ich erreicht habe, freue ich mich, bin ich stolz. Der Bau an meinem Lebensgebäude fordert heraus.

Beim Einzug in sein neu gebautes Haus wirft der Lyriker Reiner Kunze einen ganz anderen Gedanken auf, der mir in meinen Erfahrungen eher fremd erscheint.

Das Haus

Nun vermietet an uns der tod

Wir wissen nicht, wann
er uns kündigen wird und
wem zuerst

Wir wissen nur: Alle klagen
sind abgewiesen

Reiner Kunze

Nicht mehr zur Miete wohnen! Das ist nicht nur eine wirtschaftliche Überlegung, das ist auch Ausdruck von Unabhängigkeit und Selbstständigkeit. Der Einzug in die eigenen vier Wände macht frei von den Vorgaben eines Vermieters. Mein Lebenshaus ist Ausdruck meiner Selbstbestimmung.

Reiner Kunze korrigiert diese Überlegung. Der Vermieter hat nur gewechselt. Mehr noch:

Kündigungsklagen von Vermietern können abgewiesen werden, nicht aber die des Todes.

Der Gedanke an Begrenztheit und Endlichkeit unseres Lebens und all unserer Werke macht nicht froh. Aber er ist realistisch. Es erfordert Kraft, diesen Realismus aufzubringen. Und wer diese Wirklichkeit verinnerlicht, kann vielleicht etwas gelassener und weitsichtiger werden.

Meine Begrenzung, die ich jetzt erfahre, ist schmerzhaft und bitter. Doch sie ist auch Teil der umfassenden Begrenzung, die für alles und jeden gilt. Wir bauen unser Leben nicht für die Ewigkeit, sondern in den eng gesetzten Grenzen eines Menschenlebens.

In den Psalmen wird die Endlichkeit des Menschen in bildreicher Sprache zum Ausdruck gebracht:

> Von Jahr zu Jahr säst du die Menschen aus;
> sie gleichen dem sprossenden Gras.
> Am Morgen grünt es und blüht,
> am Abend wird es geschnitten und welkt.
>
> Psalm 90

Denn Gott weiß, was wir für Gebilde sind;
er denkt daran: Wir sind nur Staub.
Des Menschen Tage sind wie Gras,
er blüht wie die Blume des Feldes.
Fährt der Wind darüber, ist sie dahin;
der Ort, wo sie stand, weiß von ihr nichts mehr.
Doch die Huld des Herrn währt immer und ewig ...

Psalm 103

Die Frage von Vergänglichkeit rückt uns immer
wieder bedrohlich nahe. Viele von uns kennen das
Lied »Wir sind nur Gast auf Erden«, doch es fällt
uns schwer, das Leben als Gastrecht zu akzeptieren.
Wir wollen ein Hausrecht ausüben und das Leben
als Heimspiel gewinnen. Dafür tun wir viel: Wir
investieren Kraft, Ausdauer, Ideen und Geld, um
unsere Bleibe auszubauen.

Das schenkt uns Bestätigung und Stolz.
Doch die vermeintliche Sicherheit macht uns auch
enorm verwundbar.
Die Erfahrung der Vergänglichkeit trifft ins Mark
und je mehr wir auf beständiges Bleiben gesetzt
haben, desto schmerzhafter wird die Erfahrung,
dass wir doch nur ein Gastrecht haben.

Der Lernprozess, dass letztlich alle Klagen
abgewiesen werden, kann auch vorbeugende

Therapie sein. Die Erfahrung von Grenze relativiert, gibt den Dingen meines Lebens eine neue Bedeutung.

Der Augenblick ist wichtig, aber er ist nicht alles. Meine Einschätzung der Situation unterliegt Wandlungen. Und: Kein Zustand gilt auf Dauer. Das ist schmerzliche Erfahrung angesichts der Endlichkeit meines Lebens.
Das ist aber auch Erleichterung angesichts scheinbar nicht enden wollenden Leids.

Das Gefühl für die eigene Vergänglichkeit kann eine harte Zäsur sein.
Es kann aber auch Lebendigkeit und Offenheit vermitteln, momentane Urteile relativieren, mich zu neuen Prioritäten führen.

Die Grenze steht fest. Doch der Weg bis dorthin kann voller Überraschungen sein.

Krise ganz und gar

Die Hand vor Entsetzen vor das Gesicht gehalten.
Den Blick vom Schrecken des Lebens abgewandt.
Die markerschütternde Betroffenheit ins Gesicht
geschrieben.

Käthe Kollwitz: Die Klage

Das Bronzerelief »Die Klage« von Käthe Kollwitz spiegelt die Ganzheitlichkeit der Erschütterung. Wenn nichts mehr ist, wie es war, dann wälzt sich alles in mir um.

Der Blick in den Spiegel wirft die Frage auf: Wer bin ich eigentlich? Wofür habe ich bisher gelebt? Welches Bild von mir selbst trug ich bislang mit mir? Und welches Bild von mir wollte ich bei den anderen erreichen? Mein Selbstbild wankt, gerät in die Krise.

Habe ich mich über mich selbst geirrt? Wem galt mein Selbst-Vertrauen? Jetzt ist es so schwach geworden, schwindet, bricht mir unter den Füßen weg. Hin- und hergerissen wundere ich mich über mich selbst. Hart an der Grenze erlebe ich, dass ich mich selbst nicht kenne. Das verunsichert mich, veranlasst mich zur Zurückgezogenheit, bedarf der ruhigen Überlegung.

Der Gedanke an die anderen bedrückt mich.

Bin ich noch die Person, die die anderen gerne bei sich haben? Mit meinem Leistungsknick, meiner entstellenden Operation, den notwendig gewordenen Veränderungen in meiner Lebensführung. Kann ich noch mithalten? Ist die Zuwendung der

anderen noch von Herzen und um meinetwillen
oder eine Geste des Mitleids?

Meine Selbstkrise geht Hand in Hand mit einer
Beziehungskrise. Ich beobachte meine Mit-
menschen wacher und sensibler. Ich bin empfind-
lich geworden, meine Gefühle und meine Reakti-
onen schießen über das Ziel hinaus. Werden das
die anderen ertragen? Bin ich zur Last geworden?
Ich spüre, dass mir manche Begegnungen nicht
mehr wichtig sind. Andere möchte ich intensiver
erleben, doch nicht immer gelingt das. Vorsichtig
taste ich mich vor, möchte niemandem zu nahe
treten, möchte aber auch nichts versäumen. Es ist
so schwer geworden, den anderen offen und frei
zu begegnen, mit all der Erfahrung, die ich jetzt
mit mir trage.

Die Brüchigkeit meiner neuen Situation greift
auch nach dem Sinn. Worauf verlasse ich mich in
meinem Leben? Worauf kann ich mich noch
verlassen? Der Halt früherer Tage schwindet. Das,
was den Tagen einen Sinn verliehen hat, scheint
nicht mehr standzuhalten. Das Engagement für
die anderen schaffe ich nicht mehr, die Arbeit, die
mir Freude macht, überfordert mich, die täg-
lichen Glücksmomente mit der Familie sind
überschattet.

Gott schweigt.

Der Grund, der früher getragen hat, ist zu dünnem Eis geworden. Jeder Schritt macht mir Angst, einzubrechen. So lange Zeit schien alles fest gefügt, waren die entscheidenden Antworten des Lebens klar – und jetzt, wo ich so dringend Halt bräuchte, zerrinnt mir alles zwischen den Fingern. Meine Sehnsucht findet keine Heimat mehr. Hilde Domins Gedicht drückt diese Erfahrung treffend aus:

Sehnsucht

Die Sehnsucht
lässt die Erde durch die Finger rinnen
alle Erde dieser Zeit
Boden suchend
für die Pflanze Mensch

Hilde Domin

Tief in mir die Sehnsucht nach Boden, für mich selbst, für meine Beziehungen, für meine Lebensfragen. Ich will Wurzeln schlagen, den Ort finden, wo ich hingehöre, wo ich in mir, im Zusammenleben, auf sicherem Grund zur Ruhe komme. Doch im Moment zerrinnt mir alles zwischen den Fingern. Die Krise hat mich im Griff. Sie umfasst mich ganz und gar.

Hoffnungszeichen

Denn der Weg ist weit

Elijas Krise ist uns bekannt (»Kraftlos«, S. 49).
Die Bibel erzählt eine Geschichte, in der Elija zur
Beispielgestalt wird. An ihm erkennen Menschen
in vielen Epochen, was für ihr Leben immer
wieder wichtig ist. Auch unsere Erfahrungen
können dieser Beispielgestalt begegnen.

Ein gescheitertes Lebenswerk führt Elija zum
Nullpunkt, zum Verlust des Lebenswillens, zur
Todessehnsucht. An diesem Tiefpunkt des
Elijaweges erzählt uns die Bibel ein liebenswertes
und zugleich aufrüttelndes Geschehen. Und es
wäre nicht biblisch, wenn die Zielrichtung der
Erzählung nicht wir wären.

> Dann legte er sich unter den Ginsterstrauch
> und schlief ein. Doch ein Engel rührte ihn an
> und sprach: Steh auf und iss!
> Als er um sich blickte, sah er neben seinem
> Kopf Brot, das in glühender Asche gebacken war,
> und einen Krug mit Wasser. Er aß und trank und
> legte sich wieder hin.
> Doch der Engel des Herrn kam zum zweiten Mal,
> rührte ihn an und sprach: Steh auf und iss!

Sonst ist der Weg zu weit für dich.
Da stand er auf, aß und trank und wanderte, durch
diese Speise gestärkt, vierzig Tage und vierzig
Nächte bis zum Gottesberg Horeb.

1 Kön 19,5–8

Elija erfährt in der tiefen Depression einen
Anspruch, der an ihn gerichtet ist. Er soll aufstehen und essen. Das sind zwei elementare Verhal-
tensweisen.
Aufstehen hat mit Aufstand zu tun, letztlich sogar
mit Auferstehung.
Aufstehen bedeutet, nicht hingestreckt zu bleiben.
Wer aufsteht, beginnt eigene Initiative zu ergrei-
fen, aus der Horizontalen in die Vertikale zu
kommen.
Aufstehen bedeutet, die eigenen Beine wieder zu
spüren und zu nutzen. Aufstehen ist eine Veränderung aus dem Liegen, dem Liegenbleiben, der
Nieder-lage, der Hin-fälligkeit, der Ver-legenheit.

Wer morgens aufsteht, nimmt den Tag an und
beendet die Nacht.
Wer aufsteht, ist bereit, sich den Herausforde-
rungen des Tages zu stellen.
Nicht umsonst sind depressive Menschen oft nicht
in der Lage, morgens aufzustehen.
Wie wichtig ist es im Krankenhaus, aufzustehen.

Das erste Aufstehen nach einer Operation ist medizinisch bedeutsam und für den Einzelnen ein wichtiger Schritt auf dem Weg der Genesung.
Dabei kann dieses Aufstehen schmerzhaft sein, unsicher. Es fordert Energie und oft genug die Hilfe der anderen. Aber es ist eine wichtige Wegmarke, wieder auf eigenen Füßen zu stehen, aus der Abhängigkeit in die Selbst-ständigkeit zu finden.

Elija – die Beispielgestalt der Bibel – wird aufge-fordert, aufzustehen.
Mitten in der Krise, mitten im Aufgeben wird ihm eine Aufgabe zugemutet: nicht liegen bleiben, nicht den Boden unter den Füßen verlieren, nicht aufhören zu leben.

Diese Aufforderung ist eng verbunden mit dem Auftrag, zu essen. Das Aufstehen aus der Nieder-lage, der erste Schritt aus dem Tiefpunkt fordert Kraft. Und die soll ich mir holen: Brot und Wasser findet Elija, elementare Lebensmittel.

Selbst im Zuchthaus früherer Tage gab es das: Brot und Wasser. Reduzierter kann Ernährung nicht mehr sein. Kein Gourmetmenü, kein Reiz für verwöhnte Gaumen, sondern nur das Notwendigste.

Das Brot ist in glühender Asche gebacken,
Hinweis darauf, dass eine Glut bleibt, ein glim-
mender Docht, der nicht ausgelöscht wird – auch
dann, wenn ich nur noch Kälte spüre.

Elija soll sich kräftigen mit dem, was Not wenden
kann. Das ist nicht viel, das ist fast banal. Aber es
weist darauf hin, dass am Tiefpunkt die Besinnung
auf das, was wirklich notwendig ist, zur Kräfti-
gung werden kann.
Und das nicht im Hau-ruck-Verfahren.

Elija isst – und legt sich wieder hin.
Die Erschöpfung ist groß, die Resignation
umfassend.
Doch der Anspruch bleibt hartnäckig. Die
Ermutigung ist nachhaltig. Noch einmal wird er
aufgefordert, noch einmal steht er auf und isst.
Was beim ersten Mal nicht klappt, bekommt eine
zweite Chance, der erste Anlauf aus der Krise
darf scheitern.
Gott gibt mir einen neuen Anstoß,
ergreift erneut die Initiative.
Ich darf Geduld mit mir selbst haben.

Und noch immer ist der helle Horizont nicht
sichtbar.
Elija macht sich auf den Weg, doch er muss
vierzig Tage und Nächte gehen – einen weiten

Weg. Die neue Erfahrung – Elija darf Gott auf
neue Weise erleben (1 Kön 19,9–13) – erschließt
sich in einem langen Prozess. Das erfordert
Geduld, Durchhaltevermögen, Ertragen von
Unsicherheit.

Die Geschichte von Elija rührt an einer wunden
und dunklen Stelle.
Dort, wo ich dabei bin, mich und alles aufzugeben, rührt mich ein Anspruch an, begegnet mir
Gott.
Das alles ist verschwommen, unklar, ohne
unmittelbare Folgen. Die Lösung liegt nicht auf
der Hand, meine Fragen bleiben, meine Ängste,
meine Verzweiflung. Aber da ist ein Wort, das
mich zu schlichtem, aber wichtigem Tun auffor-
dert: zum Aufstehen und Essen.

Sieger Köders Bild von Elija fasst diese Gedanken
zusammen. Der gebeugte Elija sitzt unter dem
Ginsterstrauch, barfuß, die Hände vor dem
Gesicht – ohne Aus-sicht.
Um ihn herum Wüste. Lebensfeindliche Umgebung, nur im Hintergrund der Horeb, Zeichen
einer neuen Erfahrung.

Die Raben erinnern daran, dass Gott schon zu
früheren Zeiten Elija umsorgt hat (1 Kön 17). Wie
wichtig kann Erinnerungsarbeit sein, Gedächtnis-

pflege, nicht vergessen, aus welchen Quellen wir leben durften. Er-innern, was uns einmal weiter-geholfen hat.

Um Elija das Brot und der Wasserkrug, farblich der Wüste fast gleich. Auf den ersten Blick sind sie kaum von der Wüstenerfahrung zu unterscheiden, und doch von ganz anderer Qualität.

Wie wichtig kann es sein, Lebensfeindliches und Nahrhaftes zu unterscheiden. Oft scheint alles in öder Eintönigkeit zu sein, verwechselbar und trübe, doch kann das Rettende, die neue Kraft, der Anfang des Aufbruchs schon gegenwärtig sein.

Mit Elija darf ich mich hinsetzen und meine ganze Perspektivlosigkeit zugeben. Mit Elija darf ich mich ansprechen lassen, aufzustehen und mich zu kräftigen. Ich darf der Aufforderung nachkom-men, mich umzusehen, neu wahrzunehmen. Ich darf mit Elija darauf vertrauen, dass da etwas ist, was mich nährt, was mich stärkt.
Das gute Wort, die ernsthafte und ehrliche Teilhabe anderer, die neue Erfahrung über mich selbst, ein unscheinbarer Schimmer eines neuen Weges, der vielleicht noch ganz und gar im Dunklen liegt.

Sieger Köder: Elija

Nicht hart werden

Wolf Biermann schrieb einen Großteil seiner
Lieder in der ehemaligen DDR. Menschen
resignierten unter der staatlichen Repression,
standen unter teilweise unerhörtem Druck, lebten
wie er unter Berufsverbot. Das Lied »Ermutigung«
widmete er seinem Freund Peter Huchel, wollte
ihn ansprechen in seiner Verzagtheit, seinem
Zweifel.

Meine Probleme, meine Mutlosigkeit sind ganz
anderer Natur.
Doch macht es die Größe von Dichtung aus, wenn
sie auch andere Situationen treffend ansprechen
kann.

Ermutigung

Du, lass dich nicht verhärten
In dieser harten Zeit
Die allzu hart sind, brechen,
Die allzu spitz sind, stechen
und brechen ab sogleich

Du, lass dich nicht verbittern
In dieser bittren Zeit
Die Herrschenden erzittern –
Sitzt du erst hinter Gittern –
Doch nicht vor deinem Leid

Du, lass dich nicht erschrecken
In dieser Schreckenszeit
Das wolln sie doch bezwecken
Dass wir die Waffen strecken
Schon vor dem großen Streit

Du, lass dich nicht verbrauchen
Gebrauche deine Zeit
Du kannst nicht untertauchen
Du brauchst uns, und wir brauchen
Grad deine Heiterkeit

Wir wolln es nicht verschweigen
In dieser Schweigezeit
Das Grün bricht aus den Zweigen
Wir wolln das allen zeigen
Dann wissen sie Bescheid

Wolf Biermann

71

Das Lied spricht von einer unmittelbaren Gefahr
der Mutlosigkeit:
Ich drohe hart und verbittert zu werden.
Ich ziehe mich erschreckt zurück, will untertauchen,
im Schweigen verschwinden.
Vielleicht laufe ich Gefahr, im Selbstmitleid
aufzugehen.

Wem dient das?
Dient es mir und meiner Situation?
Oder ist es Ausdruck der Kapitulation,
der gestreckten Waffen?

Damit aber überlasse ich das Geschehen einer
fremden Macht.
Für Biermann ist das die diktatorische Staats-
macht.
Für mich kann es die Krankheit, die Trennung,
meine Krise sein.

Härte und Verbitterung schaden am allermeisten
mir selbst.
Ich lasse mich fremdbestimmen,
bin nicht mehr ich selbst.
Ich verliere wichtige Wesenszüge,
verstecke sie,
wirke verbraucht und niedergeschlagen.

All das ist nur zu verständlich.
Doch wenn es ganz und gar von mir Besitz
ergreift,
drohe ich zusätzlichen Schaden zu nehmen.

> Die allzu hart sind, brechen,
> Die allzu spitz sind, stechen
> und brechen ab sogleich

Gebe ich der Krise, meinem Schicksal, der
schwerwiegenden Diagnose diese Macht über
mich?

Lasse ich ihr so viel Einfluss, dass sie mir noch viel
mehr zufügen kann, als sie es ohnehin schon tut?

Doch reine Trotz- und Durchhalteparolen bringen
mich nicht weiter.
Es tut gut, wenn mich einer in meiner Niedergeschlagenheit ernst nimmt und mir trotzdem einen
kleinen Schubs gibt. Es kann Mut machen, wenn
einer von außen die Gefahr meines Rückzuges
sieht und wieder eine Anforderung an mich
heranträgt.

»Ermutigung«, nennt Biermann sein Lied.
Er benennt über den Trotz und den Widerstand
hinaus zwei Quellen der Ermutigung: gebraucht
werden und das Grün, das aus den Zweigen
bricht.

Das eine ist eine ganz reale Erfahrung: Ich werde gebraucht.

Vielleicht spüre ich das nicht, vielleicht ist es mir im Augenblick völlig egal und ich will nur meine Ruhe haben. Aber irgendwo ist jemand, der gerade mich braucht, dem gerade ich ein wichtiger Mensch sein kann.

Ich werde gebraucht als Gesprächspartnerin, Mutter, Vater oder Lebensgefährte. Ich werde gebraucht, weil gerade ich mit meinen Erfahrungen jemanden verstehen kann, weil ich beim Gespräch nicht auf die Uhr schaue, weil ich schweigen kann.

Ich werde gebraucht mit meiner veränderten Sichtweise, mit meinen Lernprozessen, mit meinen schmerzlichen Eindrücken.

Ich werde gebraucht, weil da irgendwo jemand ist, der dankbar für meine Sensibilität ist, dem mein in bitteren Krisen abgerungenes Wort mehr sagen kann als tausend gelehrte Vorträge.

Über diese ganz reale Erfahrung hinaus verwendet Biermann ein starkes Hoffnungssymbol.

Wir wolln es nicht verschweigen
In dieser Schweigezeit
Das Grün bricht aus den Zweigen

So wie an starren, schweigsamen Wintertagen
das Kraftholen und Ausschlagen der Bäume sich
abzeichnet,
so kann aus jeder erstarrten Situation etwas Neues
wachsen.

Kaum zu glauben,
dass an eisigen Tagen die Säfte in die Bäume
schießen
und das Wachstum des Frühlings ermöglichen.
Kaum zu glauben und doch wahr.

Kaum zu glauben,
dass aus meiner jetzigen Situation etwas Lebens-
frohes wachsen soll.
Und doch vielleicht möglich?

Die Möglichkeit, versöhnende Schritte zu gehen,
mit anderen, mit mir selbst und meiner Lebensgeschichte.

Die Möglichkeit, endlich das zu sagen und zu
leben,
was ich im Innersten empfinde.

Die Möglichkeit, mich nicht mehr zu verstellen,
sondern ganz Ich zu sein.

Die Möglichkeit, fremdbestimmte Gewohnheiten
abzulegen
und neue Schwerpunkte zu setzen.

Das Grün bricht aus den Zweigen,
mitten in der Kälte,
irgendwo, vielleicht ganz zart und kaum zu sehen.

In mir darf es sprießen und ich kann es genießen.
Ich will nicht darüber schweigen.

Nie sind alle Türen verschlossen

Manchmal ist er da: der Gedanke,
dem Leben ein Ende zu setzen.
Die Last zu groß,
die Schmerzen zu übermächtig,
das Dunkel zu undurchdringlich.

Kein Mensch ist ganz frei von diesem Gedanken,
die Grenze des Lebens, sie wird uns immer wieder
bewusst,
auch die Möglichkeit,
selbst die Grenze zu ziehen.
Eine letzte Form von Freiheit?

Was hält mich ab?

Die Angst vor der Konsequenz?
Der Gedanke an den Schmerz derer, die damit
fertig werden müssen?
Oder auch eine unverbrüchliche Liebe zum Leben,
die Erfahrung,
dass ich mehr am Leben hänge, als ich oft dachte?
Die Lust, die ich immer noch verspüre,
wenn ich das Leben genießen darf?
Eine Spur von Hoffnung,
die ich nicht aufgeben möchte?

Selbstmord

Die letzte aller türen

Doch nie hat man
an alle schon geklopft

Reiner Kunze

In knappsten Worten spricht der Dichter eine
große Realität aus.
»Die letzte aller Türen«,
manchmal möchte man an sie herantreten.
Danach eine Leerzeile.

Wer an die letzte Türe denkt, geht nicht einfach
zum nächsten Gedanken über. Wer sich fragt, ob
er überhaupt noch leben will, steht vor einer
Leere. Kein Wort scheint zu helfen, unerträgliche
Stille macht sich breit.

Dann ein großgeschriebenes »Doch«.

Die Ausweglosigkeit ist meine Perspektive. Dies
heißt noch lange nicht, dass es wirklich so ist.
Außerhalb meines Blickfeldes, außerhalb meiner
momentanen Erfahrung gibt es andere Wirklichkeiten, andere Perspektiven, mir unbekannte
Sichtweisen. Das berechtigt zum »Doch«.

Meine Hoffnungslosigkeit erntet Widerspruch,
meine Lebensangst kann einer Korrektur begeg-

nen. Es gibt ein »Doch« – großgeschrieben, nach einer Leere.

Der Widerspruch des Dichters scheint banal, genau betrachtet erweist er sich als real und erfahrbar: Nie hat man an alle Türen schon geklopft.

Die Tatsache, dass ich im Augenblick keinen Ausweg sehe, bedeutet nicht, dass es keinen gibt.

Der Eindruck, nur vor verschlossenen Türen zu stehen, muss nicht heißen, dass es keine offene Tür gibt.

Die Erfahrung undurchdringlichen Dunkels schließt nicht aus, dass es Licht gibt.
Nie hat man an alle Türen schon geklopft.

Vielleicht sprießt die Hoffnung aus einem Bereich, an den ich bislang noch gar nicht dachte.

Möglicherweise erwartet mich heute ein Gespräch, das mir einen neuen Blickwinkel schenkt.
Es kann sein, dass mir bald schon ein Mensch begegnet, der wieder ein Stück weiterweiß, in dessen Nähe ich mich etwas geborgener fühle.

In meinen Gedanken kann sich aus Kraftlosigkeit und Verzweiflung ganz langsam eine neue Erfahrung entfalten, deren Wert ich mehr und mehr zu schätzen lerne.

Vielleicht muntert mich gerade heute das Licht in den Bäumen, das Singen der Vögel, das Schleichen der Katze im Garten auf? Mit offenen Augen darf ich so vielen kostbaren Dingen begegnen.

Vielleicht spricht mich im Verlust aller Lebensfreude ein Wort an, das ich irgendwann als Anspruch Gottes an mich ganz persönlich deuten darf.

Ein verfolgter Jude, in Drangsal und Todesangst, angesichts des Massentodes
in auswegloser Situation, kritzelte an eine Wand, was mir vielleicht eine neue Tür zeigen kann, an die ich noch nicht geklopft habe:

> Ich glaube an die Sonne,
> auch wenn sie nicht scheint,
> ich glaube an die Liebe,
> auch wenn ich sie nicht spüre,
> ich glaube an Gott,
> auch wenn er schweigt.

Inmitten meines Steinbruchs

Echte Hilfe scheint oft so fern, so unerreichbar, so
vage.
Und Jesus?
Mitunter erfahre ich ihn so entrückt, unwirklich,
entfernt.

Als Lehrer in Kirchenkuppeln,
als Siegerstatue,
als geläufiges Wort.

Der Erlöser, der Heiland, der Tröster –
mir bleibt er oft fremd,
er kommt in meiner Krise nicht an.

Ich höre die Botschaft,
würde sie gerne in mir aufnehmen,
doch sie perlt ab.

Meine Krise scheint mich imprägniert zu haben,
eine heilende Botschaft scheint nicht an mich
heranzukommen.

Doch steht die Ferne nicht im Widerspruch zur
Botschaft von Jesus?

Diether Kunerth: Christus im Steinfeld

Das Bild des Allgäuer Künstlers Diether Kunerth
ist in der von ihm geprägten Technik des »Land-
Light-Paintings« gestaltet. Im Steinbruch einer
griechischen Insel ist eine bemalte Folie aufgestellt
– zwei Wirklichkeiten begegnen sich.

Da ist der Steinbruch.
Geröll, Schutt, Abfall.
Ungebrauchte Rohre, Holzreste, Karton.
Ein Durcheinander, ungeordnet, ohne Sinn.
Im Vordergrund helles Licht, der Hintergrund liegt
im Dunkel.

Der Steinbruch wird zur Chiffre,
zum Abbild eines Lebens,
das ins Chaos, in die Wirrnis abgeglitten ist.
Vieles ist in die Brüche gegangen.
Reste eines ehemals sinnvollen Lebensgebäudes
liegen umher.
Ein Teil des Chaos ist ans Licht gezerrt,
anderes liegt im Schatten, verdunkelt.
Keinerlei Lebensfreundlichkeit beschönigt diese
Szenerie.

Mein Steinbruch?

Da ist die Jesusgestalt.
Mitten im Steinbruch – und doch im Vordergrund.
Kein triumphierender Jesus, kein souveräner
Herrscher.
Auch auf der bemalten Folie ist das Durcheinander,
die Unordnung des Lebens im Hintergrund zu
erkennen.
Jesus selbst trägt diese Verwirrungen mit sich.
Farbspritzer, Querstriche, Verwundungen.

Schutzlos und verletzlich schaut er mich an.
Er ist da.
Mitten im Steinbruch.
Das Schicksal prallt nicht an ihm ab,
es trifft ihn, wie mich.

Er hat nicht im Drachenblut der Unverwund-
barkeit gebadet,
sondern zeigt Verletzlichkeit.

Nicht der Ausweg ist da,
noch keine Spur von Sieg, von Überwindung.
Aber eine unübersehbare Nähe.
Ich bin nicht allein.

Dieser Jesus im Steinbruch ist Verdichtung eines
wichtigen Teils der Jesusbotschaft:
ER ist da, mitten in der Krise der Menschen.
Schwach und verborgen ist er da,
ungeschützt und verletzlich.
Das kann ihn mir nahebringen,
weil es meiner Situation nahekommt.

Die Botschaft von seiner Geburt erzählt,
wie er schwach und schutzlos zum Gefährten der
Menschen wird.

Maria und Martha dürfen beim Tod ihres Bruders
erleben,
wie er in der bitteren Leiderfahrung mit ihnen
leidet und weint.

Aussätzige erfahren,
wie er ohne jede Berührungsangst Anteil an ihrer
verzweifelten Situation nimmt.

In Getsemani und auf dem Weg nach Golgota
wird er uns Bruder in der Erfahrung von Todesangst, Krise und Schmerz.

Auch wenn er mir oft fern und entrückt erscheint:
Da steht das Zeugnis vom nahen Jesus.
Er hat sich eingebracht
in den Steinbruch menschlichen Lebens.

In aller Lebensfeindlichkeit,
in den zerbrochenen Lebensgeschichten,
in den geplatzten Träumen,
in den erschütternden Schicksalen
ist er nicht fremd und nicht fern.

Weil er sich alldem ausgesetzt hat,
weil er nicht davongelaufen ist,
weil er mein Leid kennt.

Das macht ihn glaub-würdig.

Zeichen setzen

Mitten im zerstörten Sarajevo.
Weihnachten zur Kriegszeit.
Ein bestialischer Krieg hat die einst blühende
Stadt zur Geisterstadt gemacht.
Blut und Tränen haben sich ausgebreitet.
Ein Tiefpunkt.

Und da setzt sich der bekannte Violoncellist
Vedran Smailovic in die zerbombten Straßen
seiner Stadt und spielt an Weihnachten für die
Toten der Stadt. Er drückt Verbundenheit aus,
überwindet das Schweigen, setzt ein Zeichen.

Eine große Kraft geht von dem Bild aus.
Die Kraft der Hoffnung.
Menschen bringen Blumen und Kränze und
solidarisieren sich sichtbar mit dem, der dem
Grauen ein Zeichen entgegensetzt.
Der Schrecken hat nicht mehr allein das Sagen.

**Georges Gobet: Vedran Smailovic,
der »Cellist von Sarajevo«**

Nichts von allem Grauen wird ungeschehen.
Nichts wird verdrängt, keine heile Welt wird
vorgegaukelt.
Mitten in den Trümmern sitzt ein Cellist und
spielt eine Melodie.
Er hat seinen Konzertfrack angelegt, sein kost-
bares Instrument mitgebracht und er findet
Menschen, die ihm zuhören.

Der Chronik schlechter Nachrichten setzt er die
Kraft der Musik entgegen.
Auch er findet keine Worte für all das Schreck-
liche.
Auch er hat keine Antwort auf die Frage nach dem
Warum.

Aber er setzt ein Zeichen,
leistet sichtbaren Widerstand gegen die Gesetz-
mäßigkeit des Schrecklichen.
Er ist nicht mehr ausschließlich Opfer.
Er hat den Mut zu einem neuen Schritt gefunden,
er schlägt neue Töne an.

Dies erinnert an Luthers Apfelbäumchen, das er
pflanzen wollte, wenn er erführe, dass er nur noch
einen Tag zu leben hätte.

Wie bedrohlich bauen sich zuweilen schlechte
Nachrichten und große Ängste vor mir auf.
Wie erdrückend erlebe ich all die Probleme, die
nicht aufhören wollen.
Wie unbenannt, anonym, unkonkret ist da die
Rede von einer Hoffnung. Ich kann sie nicht
greifen, nicht begreifen.

Da kann ein Zeichen der Hoffnung so hilfreich sein.
Ein ganz konkretes Tun, ein sichtbarer Akt, ein
spürbarer Schritt.

Es ist nur ein Zeichen,
aber es macht die nebulös verborgene Hoffnung
an einer kleinen Stelle sichtbar, bringt etwas in
Schwingung.

Ein Zeichen der Hoffnung setzen – finde ich die
Kraft zu diesem Schritt?

Will ich mir vielleicht eine nach außen hin
sinnlose Anschaffung leisten?
Menschen zu einem gemeinsamen Essen einladen?
Eine Reise wagen, die ich mir zumuten kann?
Etwas aus meiner Geschichte aufschreiben, was
ich nicht dem Vergessen preisgeben will?
An meinem Blumenfenster oder in meinem Garten
etwas anpflanzen?
Meiner Wohnung einen neuen Anstrich geben?
Mich in den Garten setzen, die wärmende Sonne
spüren und aus dem Summen der Bienen eine
Melodie heraushören?

Es gibt unendlich viele Ideen, ein kleines Hoff-
nungszeichen zu setzen.
Damit kann unscheinbar, aber doch deutlich
spürbar werden, dass ich mich der Zerstörung
und der Niedergeschlagenheit nicht restlos
gebeugt habe.
Es niemals restlos tun werde.

Zusage erfahren

Absagen können wehtun.
Sie rufen Enttäuschung hervor, machen mutlos
und kosten Kraft.
Absage auf eine Anfrage,
auf einen Buchungswunsch,
gar auf eine Bewerbung
– sie ist immer mit einem bitteren Beigeschmack
und nicht selten mit einem schmerzenden Stich
verbunden.

Das Kopfschütteln auf meine Frage,
das bedauernde Schulterzucken hinsichtlich
meines Anliegens,
das harte Nein auf meinen Wunsch.

Absagen werfen mich auf mich selbst zurück.
Ich bin allein mit mir, mit meiner Enttäuschung,
das Gefühl der Ablehnung muss ich für mich
selbst verkraften.
Es kratzt an meinem Selbstwertgefühl.

Mein tiefer Schmerz,
meine große Angst,

mein Tief, in dem ich stecke,
erscheint mir zuweilen wie eine große Absage des
Lebens.

Hat auch Gott mir eine Absage erteilt?
Bin ich ganz und gar auf mich zurückgeworfen?

Dem Volk Israel stellt sich in tiefer Krise diese
Frage nicht anders.
Im Exil, in der Verlassenheit,
im Verlust der lebenswerten Grundlagen,
sehen sie sich einer Absage Gottes ausgesetzt.

> **Zion sagt:**
> **Der Herr hat mich verlassen,**
> **Gott hat mich vergessen.**
>
> Jes 49,14

Wie sehr mir das manchmal aus der Seele spricht,
wie tief dieses Empfinden einer Absage auch in
mir sitzt.

Doch Israels Empfinden ist bereits Teil der
Antwort Gottes.
Im Zusammenhang gelesen, setzt Gott genau bei
dieser Erfahrung an:

Zion sagt:
Der Herr hat mich verlassen,
Gott hat mich vergessen.
Kann denn eine Frau ihr Kindlein vergessen,
eine Mutter ihren leiblichen Sohn?
Und selbst wenn sie ihn vergessen würde,
ich vergesse dich nicht.
Sieh her:
Ich habe dich eingezeichnet in meine Hände,
deine Mauern habe ich immer vor Augen.

Jes 49,14–16

Das Gefühl der Absage wird in einen neuen
Zusammenhang gesetzt
und im Angesicht der Verlassenheitserfahrung
kommt es zu einer großen Zusage.

Jesajas Worte vermitteln das Unverständnis Gottes
über die tiefen Zweifel.
Nicht anklagendes Unverständnis, Kopfschütteln
über meine Schwäche.
Sondern erschrockene Anfrage: Wie kannst du nur
an mir zweifeln?
Glaubst du wirklich, ich könnte dich jemals
verlassen?

Der biblische Hoffnungstext verwendet gefühl-
volle und erfahrungstiefe Bilder:

Kann denn eine Frau ihr Kindlein vergessen,
eine Mutter ihren leiblichen Sohn?

Gottes Zuwendung wird in Verbindung mit der Mutterliebe gedeutet, in der Situation tiefer Krise betont die Bibel den mütterlichen Zug Gottes, die tiefe emotionale Zuwendung einer untrennbaren Verbindung.

Doch wir wissen: Mutterliebe kann scheitern, kommt an Grenzen.
Wir hören davon, dass Mütter ihre Kinder vergessen,
ihnen eine Absage erteilen,
von verweigerter Liebe bis zur Misshandlung.
Wir erschrecken darüber, weil wir den Widerspruch zur natürlichen Mutterliebe spüren, doch wir können nicht die Augen vor der Wirklichkeit verschließen.
Das tut auch die Bibel nicht:

> **Und selbst wenn sie ihn vergessen würde,
> ich vergesse dich nicht.**

Die Zusage Gottes wird über die Mutterliebe hinaus gedeutet.
Da, wo die ursprüngliche,
im Instinkt verhaftete Zusage an den Menschen an ihre Grenzen stößt,
bleibt Gottes Zusage unangefochten.

Über alle menschliche Liebe hinaus
steht das Ja Gottes zum Menschen,
alle erlittenen Rückschläge und alle erhaltenen
Absagen
können seine Zusage nicht gefährden.

Sieh her!

Wie ein Befehl, eine strenge Aufforderung klingt
die Folgerung.
Schau mich an! Schau mir in die Augen!
Weigere dich nicht länger,
anzusehen, was gültig ist:

Ich habe dich eingezeichnet in meine Hände!

Die Linien in meiner Hand sind keine oberflächliche Notiz,
keine löschbare Datei.
Sie begleiten mich, solange ich lebe,
sind individuell,
immer da,
durch alle Wandlungen meines Weges.

So bin ich immer da in Gottes Gegenwart.
ER hat nicht Notiz von mir genommen,
sondern mich eingezeichnet in seine Hände.
Ich bin nicht aufgenommen in seine Kartei,
sondern in seine unverwechselbare Einmaligkeit.
Ich bin nicht registriert,

sondern bewusst und unverbrüchlich von ihm
angenommen,
von ihm in die Hände eingezeichnet.

Hinter allen bitteren Absagen,
hinter jedem schroffen Nein,
hinter dem schmerzenden Gefühl, mit meinen
Hoffnungen abgewiesen zu sein,
steckt sein Ja,
eine Zusage,
die nicht zur Diskussion steht.

Trotzdem

Die Kraft des Glaubens, ich habe sie vielleicht
erlebt.
Erhebende Gottesdienste,
die Kindheitserinnerungen an Erstkommunion
und lebendige Gemeinschaft.
Die Erfahrungen einer lebendigen Jugendarbeit,
die Begegnung mit Gleichgesinnten in heiterer
Offenheit.
Den Ernst verheißungsvoller Liturgie,
das Treueversprechen am Traualtar,
die packende Symbolik einer Osternachtsfeier,
die wohltuende Stimmung an Weihnachten.
Nein, der Glaube ist keine ferne Welt.

Doch er ist zerbrechlich,
so zerbrechlich wie mein Lebensgebäude.
Wie recht Paulus doch hat:

> Diesen Schatz tragen wir in zerbrechlichen
> Gefäßen.
>
> 2 Kor 4,7a

Die Zerbrechlichkeit meines Lebensgebäudes,
die labile Gesundheit,

die Erschütterungen in meinem Leben
machen vor dem Glauben nicht halt.
Was einst als eindrucksvolle Kraft lebendig war,
droht aus dem zerbrechlichen Gefäß meiner
Lebensgeschichte wegzurinnen.

Was andere wie selbstverständlich täglich leben,
ist für mich flüchtig und abstrakt.

> So wird deutlich, dass das Übermaß der Kraft von
> Gott und nicht von uns kommt.
> Von allen Seiten werden wir in die Enge getrieben
> und finden doch noch Raum.
> Wir wissen weder aus noch ein und verzweifeln
> dennoch nicht.
> Wir werden gehetzt und sind doch nicht verlassen.
> Wir werden niedergestreckt und doch nicht
> vernichtet.
> Wohin wir auch kommen, immer tragen wir das
> Todesleiden Jesu an unserem Leib, damit auch das
> Leben Jesu an unserem Leib sichtbar wird.
>
> 2 Kor 4,7b–11

Die Folgerung des Paulus ist gewagt.
Die Zerbrechlichkeit meines Lebensgefäßes ist gut,
weil ich dadurch erfahren kann, dass die Kraft
nicht von mir kommt.

Diese Sicht widerstrebt mir,
doch sie bleibt als Stachel.

Habe ich nicht allzu sehr auf meine Kraft vertraut?
War mein Selbstbewusstsein nicht streckenweise
unantastbar,
das Gelingen selbstverständlich?
Und nun die Einsicht:
Nichts ist selbstverständlich.
Ich stoße an die Grenzen meiner Kraft.

Paulus sieht die Grenze eigener Kraft unmissverständlich:
Von allen Seiten werden wir in die Enge getrieben,
wir wissen weder aus noch ein,
wir werden gehetzt,
wir werden niedergestreckt.

Paulus findet treffende Worte für diesen wahren
Teil meiner Lebenserfahrung.
Da wird kein Opiat gespritzt,
das die Schmerzen vergessen macht.
Paulus klebt kein religiöses Heftpflaster auf,
er spricht vom Zerrinnen der Glaubenskraft in der
Zerbrechlichkeit meines Lebens.

Doch sie sind nur der eine Teil.
Zugleich ist er von einem kräftigen Trotz geleitet.
Immer wieder hält er der Grenzerfahrung ein
»Trotzdem« entgegen:
Wir finden doch noch Raum,

wir verzweifeln dennoch nicht,
wir sind doch nicht verlassen,
wir werden doch nicht vernichtet.

Woher dieses »Trotzdem«,
woher diese Kraft zum Widerstand,
woher diese Hoffnung?

Die Antwort des Paulus befreit,
weil sie keine neue Aufgabe stellt:
Keine Bewältigungsstrategie ist von mir gefordert,
kein Krisenseminar,
kein Akt der Selbstkontrolle.

Paulus sagt nicht, wie so manch verständnisloser
Zeitgenosse:
Reiß dich zusammen,
hab dich nicht so,
streng dich an.

Gewiss kommt es auf meine Einstellung an,
schade ich meiner Zukunft,
wenn ich mich unnötig gehen lasse.
Doch in der tiefen Krise,
in der das Todesleiden Christi zu meiner Wirklichkeit wird,
kann ich mich nicht mehr aus eigener Kraft retten.

Wohin wir auch kommen, immer tragen wir das
Todesleiden Jesu an unserem Leib, damit auch das
Leben Jesu an unserem Leib sichtbar wird.

Dort, wo ich bin,
trage ich etwas mit mir,
was dem Todesleiden Jesu ähnelt,
seiner Einsamkeit,
seinem Schmerz,
vielleicht sogar seinem Kreuz.

Das geht über meine Kraft.

Doch sein Leben, sein Sieg über das Kreuz,
seine nicht umzubringende Hoffnung
muss ich mir nicht erkämpfen,
sie wird geschenkt.

Das meint Paulus,
wenn er davon spricht,
dass das Übermaß der Kraft von Gott kommt.

Er blickt dabei ganz und gar auf Jesus:
Er sieht ihn als den Grund unserer Hoffnung.
Einen, der sein ganzes Leben aufreißen ließ für uns.
Einen, der Ernst gemacht hat mit der Liebe, so
sehr, dass es ihn das Leben gekostet hat.
Einen, der das Wort zur Tat gemacht hat,

in dem buchstäblich das Wort Fleisch wurde
und der dafür den Höchstpreis bezahlt hat: das
Leben.

Einen, der mit dem verordneten Tod nicht zu
beseitigen war,
der nicht auszuradieren ist,
der lebendig erfahren wird,
als Grund der Hoffnung.

Und nur diese Hoffnung,
macht Paulus trotzig,
gibt ihm Mut zum »Dennoch«.

Wenn ich niedergestreckt und schwach
nicht mehr weiterweiß,
mir meiner geschwundenen Kräfte schmerzhaft
bewusst bin,
kann Gott mich teilhaben lassen
an einer Lebenskraft,
die nicht von mir kommt.

Das ist die Hoffnung des Paulus,
der Lebensmut der Bibel.

Der Funke dieser Hoffnung
erlischt nicht.
Auch für mich nicht.

Nicht müde werden

Nicht müde werden
sondern dem Wunder
leise
wie einem Vogel
die Hand hinhalten.

Hilde Domin

Was habe ich nicht alles versucht?

Nach jedem Strohhalm habe ich gegriffen,
überall nachgelesen,
zahllose Leute angesprochen, Adressen aufge-
sucht.

Ich habe nicht aufgegeben,
die Flinte nicht ins Korn geworfen,
die Hoffnung nicht einfach über Bord
geworfen.

Doch der weite Weg hat mich mürbe gemacht und
unendlich Kraft gekostet.
Ich spüre Müdigkeit in mir,
manchmal mag ich einfach nicht mehr.

Manch einer sagt,
ich müsse geduldig sein.
Welch eine Zumutung, welch ein banaler Ratschlag.
Als wäre das so einfach.

Und doch:
Immer wieder ist dieser Antrieb da, es noch
einmal zu versuchen.
Dieses »Vielleicht ist da doch ein Weg«.

Es ist ein Stück Verrücktheit,
einem Vogel die Hand hinzuhalten.
Wer hat die Zeit, die Geduld, das Glück?
Doch wer darf behaupten,
dass der Vogel sich nicht auf meine Hand setzt?

Hilde Domin hat hier ein wundervolles
Hoffnungsbild gezeichnet.
Es ist verrückt,
auf das Wunder zu warten,
das Unerwartete,
das, woran ich nicht mehr glaube.

Doch wer darf behaupten,
dass es nicht geschieht?

Das Wunder kann vielgestaltig sein,
ganz anders als von mir erwartet.

Es kann das Wunder des Trostes sein,
das Wunder neuer, intensiver Begegnungen,
das Wunder einer großen Gelassenheit,
auch das Wunder einer Wende,
die ich nicht für möglich gehalten habe.

Doch vielleicht kann es nicht geschehen,
weil ich die Hand nicht hinhalte.

Vielleicht habe ich der Müdigkeit zu viel Macht
gegeben.

Es ist verheißungsvoll,
wieder wach zu werden,
wieder Erwartung zu leben,
die Hand hinzuhalten.

Es gibt so viele Gründe,
nicht müde zu werden.

Heilungsschritte

Meinen Weg finden

Die Vielfalt der Wege, vor denen ich stehe, macht mich unsicher.

Ständig muss ich mich entscheiden. Unent-wegt muss ich eine Richtung finden, soll und will ich vorankommen. Das Planspiel Leben verkommt manchmal zum Labyrinth.

Alfred Albinger, Dem Ziel entgegen

Manche Wege finde ich spannend und verlo-
ckend. Kann ich ihnen trauen?
Andere machen mir Angst.
Komme ich um sie herum?
Wieder andere kann ich nicht überblicken.
Soll ich es wagen? Was erwartet mich?
Oft zweifle ich am eingeschlagenen Weg.
Er ist so beschwerlich. Die Hindernisse türmen
sich auf. Habe ich mich geirrt? Ist das wirklich
mein Weg?

Ich will einen Weg finden, mehr noch, ich will
meinen Weg finden. Er ist anders als deiner.

Ich interessiere mich für die Wege anderer. Ich
kann von ihnen lernen, Impulse aufnehmen.
Aber gehen muss ich meinen eigenen. Er ent-
spricht meiner Erfahrung, passt zu mir und
meiner Geschichte.

Mein Weg muss zu meiner Kondition passen,
meinen Schritten angemessen sein, meiner Zeit
entsprechen.
Es ist schwer, den eigenen Weg zu finden.

Vor dieser Frage stehen auch die Jünger Jesu.
Immer wieder sind seine Worte schwer zu
verstehen. Immer wieder geraten die eigenen
Fragen in Kollision mit seinen Perspektiven und
Verheißungen.

Euer Herz lasse sich nicht verwirren. Glaubt an Gott und glaubt an mich! Im Haus meines Vaters gibt es viele Wohnungen. Wenn es nicht so wäre, hätte ich euch dann gesagt: Ich gehe, um einen Platz für euch vorzubereiten? Wenn ich gegangen bin und einen Platz für euch vorbereitet habe, komme ich wieder und werde euch zu mir holen, damit auch ihr dort seid, wo ich bin. Und wohin ich gehe – den Weg dorthin kennt ihr. Thomas sagte zu ihm: Herr, wir wissen nicht, wohin du gehst. Wie sollen wir dann den Weg kennen? Jesus sagte zu ihm: Ich bin der Weg und die Wahrheit und das Leben, niemand kommt zum Vater außer durch mich.

Joh 14,1–6

Die Jesusworte im Johannesevangelium folgen im Kapitel nach der Erzählung von der Fußwaschung und dem Liebesgebot, das Jesus seinen Jüngern als Vermächtnis gibt. Auf die Liebestat und das Liebeswort folgen nun große, anspruchsvolle Worte. Nur in diesem Zusammenhang sind sie erträglich. Welche Vermessenheit steht hinter dem Anspruch, Weg, Wahrheit und Leben nicht nur zu kennen, sondern zu sein!

Nur die Tatsache, dass derjenige, der diese Worte in den Mund nimmt, kurz zuvor den Sklavendienst übernommen hat, dass er sich klein gemacht hat vor denen, die ihm trauen, dass er vor ihnen auf die Knie gegangen ist, lässt diese Worte erträglich werden.

Und gerade durch diese unmissverständliche Liebesgeste, die später durch den Weg ans Kreuz konsequent fortgesetzt wird, erhält das Wort vom Weg einen neuen Klang.

Jesus spricht von keinem Weg, zu dem er uns zwingen will, er gibt keine Ratschläge aus der Abteilung Lebenshilfe und er wirbt nicht für seine Überzeugungen. Er spricht von seiner Heimat, die er zu unserer Heimat machen will: vom Haus des Vaters, vom erfüllten Leben.

Das Vaterhaus ist oft sprichwörtlich ein Ort, der viel über uns aussagt, zu dem wir immer in einer besonderen Beziehung bleiben. Für Jesus ist das Haus des Vaters gleichbedeutend mit der Gemein- schaft mit Gott, die glückende Beziehung, in der ich end-gültig Heimat finde.

In diesem Haus gibt es viele Wohnungen. Eine ermutigende Aussicht! Heimat bei Gott ist kein uniformes Geschehen, ich darf dort meine eigene Wohnung finden. Es gibt einen Ort, an dem ich ganz zu Hause sein darf, an dem ich Antwort auf all meine Fragen finde und an dem ich zugleich ganz ich bleiben darf. In der Gemeinschaft Gottes werde ich nicht im Kollektiv der Seligen gleichgeschaltet, es gibt dort viele Wohnungen, auch die, in der ich mich wohlfühle.

Doch: Wie sollen wir den Weg kennen?
Thomas spricht mir aus dem Herzen. Das Angebot Jesu löst Fragen aus, ist frag-würdig.
Jesus bleibt die Antwort nicht schuldig. Mit der Aussage, dass er nicht einen Weg weiß, sondern selbst der Weg ist, schafft er eine große Unmittelbarkeit. Den Weg zu dieser Heimat muss ich mir nicht bahnen, ich finde ihn durch die Beziehung zu Jesus, habe ihn gefunden, wenn ich ihm traue.

Für dieses Vertrauen wirbt er authentisch und unmissverständlich mit seinem Handeln. Er wäscht die Füße, wo andere es bevorzugen, die Köpfe zu waschen. Er dient, wo andere über zu niedere Dienste die Nase rümpfen. Er kniet nieder, wo andere auf dem hohen Ross sitzen.

Und dieser ver-rückte Liebende, der ohne Hintergedanken und verdeckte Absicht für die Menschen da ist, bietet sich mir als Weg an.

In meine Suche nach meinem Weg mischt sich eine neue Qualität: eine lebendige, liebende Beziehung.

Noch immer weiß ich nicht, wie es weitergehen soll. Noch immer stehe ich in Entscheidungsnöten. Noch immer befallen mich Zweifel, ob mein Weg zu einem guten Ziel führt.

Doch in Beziehung mit einem, der mich zu einem guten Ziel führen will, der sich selbst mir anbietet, kann die Einsamkeit der Wegsuche schwinden.

Wie alle Beziehungen ist auch die zu ihm voller Vielfalt und Möglichkeiten. Er engt mich nicht ein, zerrt mich nicht, peitscht mich nicht auf, lässt mich nicht sitzen.

Er lädt mich ein, ihm zu trauen.

Mich tragen lassen

Weltbilder kommen und gehen, Gottesbilder
ebenso.

Meine Sicht der Dinge unterliegt einem steten
Wandel. Blickwinkel ändern sich, Erfahrungen
kommen hinzu. Meinungen reifen und lassen sich
korrigieren.

Von Kindheit an bin ich herausgefordert, das
Leben zu lernen, die Wirklichkeit zu deuten. Viele
Dinge sollen Gültigkeit erhalten: von der Pflichterfüllung bis zur Mitmenschlichkeit, vom Erfolg bis
zur Unauffälligkeit. Es gibt unzählige Lebensmus-
ter, die einen werden uns anerzogen, die anderen
erwerben wir nach und nach selbst.

So wachsen in mir Überzeugungen, festigen sich
in mir Prinzipien, reifen in meiner Geschichte
Lebensmaximen. Dabei baue ich auf Grundhal-
tungen, die eine gestaltende Kraft annehmen.
Wenn sie für mich letzte und entscheidende
Gültigkeit haben, begegne ich meiner Gottesüber-
zeugung.

Solche tragenden Lebensüberzeugungen geraten gerade dann ins Wanken, wenn mein Lebensgebäude erschüttert wird, wenn sich plötzlich alles im Umbruch befindet.

Einen tiefen Umbruch, einen Umsturz der Welt- und Gottesbilder erleben die Israeliten als Exilanten in Babylon, als dort, bei den Fremdherren, eine neue Macht einmarschiert. An die Stelle der Macht der Babylonier rückt die Macht der Perser. Und dieser Umsturz eröffnet neue Erfahrung:

> Bel bricht zusammen, Nebo krümmt sich am Boden. Babels Götter werden auf Tiere geladen. Eine Last seid ihr, eine aufgebürdete Last für das ermüdete Vieh. Die Tiere krümmen sich und brechen zusammen, sie können die Lasten nicht retten; sie müssen selbst mit in die Gefangenschaft ziehen. Hört auf mich, die mir aufgebürdet sind vom Mutterleib an, die von mir getragen wurden, seit sie den Schoß ihrer Mutter verließen. Ich bleibe derselbe, so alt ihr auch werdet, bis ihr grau werdet, will ich euch tragen. Ich habe es getan, und ich werde euch weiterhin tragen, ich werde euch schleppen und retten.
>
> Jes 46,1–4

Das, was in Babylon letzte tragende Gültigkeit
hatte, bricht zusammen, Bel und Nebo, Götter der
Babylonier, werden auf Lasttieren abtransportiert.
Doch die Esel brechen unter den Götterstatuen
zusammen: »Eine Last seid ihr.«

Das, was so lange verehrt und angebetet wurde,
erweist sich als Last, von der keine Hilfe ausgeht.
Wie viele Lebensprinzipien, Grundsätze und
Überzeugungen fallen unter diese Erfahrung?

Der stete Zwang, der Beste zu sein – hat er mich
zum gehetzten Opfer gemacht? Die verinner-
lichte Überzeugung, dass nur der siegt, der sich
durchsetzt – hat sie mich hart und verbittert
gemacht?
Die Sucht, immer »in« zu sein, immer gut
anzukommen – hat sie dazu geführt, dass ich
mich selbst und mein Profil verloren habe?

Welche Anteile meines Gottesbildes werden jetzt
zum belastenden Götzenbild? Der Gott, mit dem
ich so gut zurechtkam, der so geläufig und
geschmeidig in meinen Worten mitschwang –
schweigt er nun? Lässt er mich kalt?

Jesaja nützt die Situation, um die Augen für den
Gott der Bibel zu öffnen. Er er-innert an den, der

sich dem Gottesvolk immer wieder gezeigt hat. Nicht als Last, nicht als anzubetender Götze – sondern als Träger, als Retter.

Die Götzen Babylons, die scheinbar ehernen Lebensprinzipien, fordern Gehorsam, Dienst und Gefügigkeit. Doch im Krisenfall werden sie zur erdrückenden Last.

Den Krisenfall nutzt Jesaja zu seinem Aufruf, mit den belastenden Gottesbildern zu brechen, die Bürde abzuwerfen, zum Ursprünglichen zurückzukehren. Dieser ursprüngliche Gott will nicht belasten, sondern tragen, will nicht Gefügigkeit, sondern Vertrauen.

Die Erfahrung der Israeliten in Babylon meint auch mich. Ich darf mich frei machen von der Bürde erdrückender Zwänge. Das, was letzte, tragende Gültigkeit hat – mein Gott –, ist nicht belastender Popanz, sondern schleppendes Lasttier. Wie ein Esel trägt er mich. An mir liegt es, mich von ihm tragen zu lassen.

Das Bild vom Esel als Sinnbild unseres Gottes hat nichts mit Verächtlichkeit oder gar Blasphemie zu tun. Es nimmt die tief greifende Erfahrung des Buches Jesaja ernst: Gott ist einer, auf den ich

»Ich werde euch weiterhin tragen ...« (Jes 46,4)

mich mit der ganzen Last meines Lebens werfen
kann. »Ich habe es getan und ich werde euch
weiterhin tragen, ich werde euch schleppen und
retten.«

Diese Zusage enthält Befreiung, Ent-lastung,
Hoffnung.
Sie fordert nicht viel und doch alles:
mein Vertrauen auf einen, der mich trägt,
bis zum guten Ziel.

... vor deinen Verheißungen her

Der Kerker meiner Situation ist mir wohl bewusst.
Ich kann nicht aus meiner Haut heraus, ich kann
Geschehenes nicht rückgängig machen, der
Befund kann nicht korrigiert werden, der Verlust
ist endgültig.

Die Begrenzungen umgeben mich, die Erfahrung
der Gefangenschaft machen wir in so vielen
Schattierungen.
Und wer ehrlich ist, muss zugeben:
Manche zerbrechen im Kerker ihres Lebens.

Doch immer wieder bleibt der nicht zu beugende
Gedanke an die Freiheit. Hinter den Kerkermau-
ern gibt es die Freiheit.
Jahrzehntelang haben Menschen auf diesen
Augenblick gewartet,
ihre Hoffnung in die Wände gekratzt,
den Glauben an die Befreiung nicht aufgegeben.

Woher nehme ich diese Hoffnung?

Zunächst aus meinen Kräften.
Die Quellen in mir sind wichtig,

die Erinnerung,
der Glaube an mich selbst,
die Erfahrung meines Selbstwertes.
Es ist gut, immer wieder auf sich selbst zu achten,
die eigenen Kräfte zu stärken, die Ressourcen zu
pflegen.
Ich bin ein einmaliges Geschöpf Gottes, mit
unbedingter Würde, schon immer angenommen,
mit einer unverwechselbaren Geschichte, mit
dunklen und schwachen Seiten, aber auch mit
Stärken und lichten Energien.

Krankheit, Krise und Verlust können meine
Persönlichkeit beeinträchtigen und infrage stellen,
doch niemals restlos beseitigen.

Und wenn meine Hoffnungskraft nicht ausreicht?
Die Quellen versiegen?
Die Ressourcen zu Ende gehen?

Die deutsche Lyrikerin Eva Zeller kennt offensichtlich diese Frage und greift die bedrängenden
Erfahrungen auf. Sie weiß natürlich, dass es nur
150 Psalmen in der Bibel gibt und wenn sie ihr
Gedicht »Der 151. Psalm« nennt, dann will sie
etwas fortschreiben, wovon die Bibel spricht, dann
will sie etwas mitteilen, was sich aus den Quellen
biblischen Glaubens nährt.

Der 151. Psalm

Ein Lied zu singen
zwischen Einnahme der Schlaftablette
und ihrer Wirkung

Und ob ich schon
meine Hofrunden drehe
im finstern Tal
im Gleichschritt
mit geschorenen Schatten

so rechne ich doch
mit Dir
bei Wasser und Brotbrechen
Du bereitest meine Flucht vor
im Angesicht meiner Feinde
immer vor Deinen
Verheißungen her

Eva Zeller

Die beiden ersten Abschnitte greifen die Mutlosig-
keit, Erschöpfung und Gefangenschaft auf. Die
Einnahme der Schlaftablette, um für einige
Stunden in Vergessenheit zu fliehen, vielleicht
auch der leise Wunsch, dies für immer zu tun. Die
Hofrunden im finstern Tal, die Gleichförmigkeit
und Schattenhaftigkeit des Erlebens. Das sind
Bilder erlebter Krise, erschöpfter Hoffnung.
Und trotzdem die erste Zeile in der Tradition der

Psalmen: »Ein Lied zu singen …« Das lässt eine
Hoffnung spüren, einen Lebensmut, einen
Widerstand gegen den Lebenskerker.

Die Auftaktzeile findet ihren Widerhall im letzten
Abschnitt des Gedichtes: »So rechne ich doch mit
Dir.« Es gibt ein Trotzdem der Hoffnung, einen
Widerstand gegen alle Schicksalsergebenheit, den
Stachel wider die Selbstaufgabe.

Die Anklänge an den Psalm 23 des Alten Testa-
mentes sind unüberhörbar.
Dort ist die finstere Schlucht, durch die wir
wandern, an der Stelle des Gefängnishofes. Dort
deckt Gott den Tisch im Angesicht der Feinde,
also all der Wirklichkeiten, die uns lebensfeindlich
begegnen. Dort steht das Versprechen, im Haus
des Herrn, an einem lebensfreundlichen Ort, zu
wohnen für lange Zeit.

Auch das Gedicht spricht von den Versprechen
Gottes, in der Bibel mit dem noch tiefer schür-
fenden Wort von der Verheißung getroffen. Die
Verheißung einer neuen Zukunft lässt Abraham
aufbrechen, aller Vernunft und Gewohnheit zum
Trotz. Die Verheißung der Freiheit lässt Israel aus
der Gefangenschaft aufbrechen, allen Widerstän-
den und Risiken ins Angesicht. Die Verheißung

der Erlösung von allem Tod lässt Menschen mit
Jesus neue Wege gehen.

> **Du bereitest meine Flucht vor –**
> **immer vor Deinen Verheißungen her.**

Für die Quellen in uns, die gefüllten Ressourcen
bin ich nicht alleine zuständig. Ich muss mich
nicht zerreiben an der Aufgabe, meine Energien
stets selbst zu erneuern.
Du bereitest meine Flucht vor – immer vor
Deinen Verheißungen her.

Die Zusage von Leben, Heimat, Freiheit, Segen,
die nicht von mir kommt, kann mir Kraft schenken. Der Mut, den ich mir nicht selbst machen
kann, wächst aus der Verheißung, der ich traue.

Wie gut, dass Eva Zeller die Erschöpfung nicht
leugnet, die Gefangenschaft nicht ignoriert. Wie
Abraham zweifle ich an der Gültigkeit der
Verheißung, wie das Volk in der Wüste murre ich
über die Zumutungen meines Weges.

Doch die Verheißungen können sich immer
wieder eine Bahn brechen und so auch für mich
bahn-brechend werden.
Aus dem Wüstenfelsen kommt Wasser,

in der dunklen Wüstennacht blicke ich auf die
unzählbaren Sterne.
Und ich mache mich wieder auf den Weg.
Ich wage den nächsten Schritt.
Ich vertraue darauf: Hinter der Mauer der
Gefangenschaft gibt es die Freiheit. Gott hat mich
nicht für das Scheitern geschaffen, seine Verhei-
ßung an mich ist eine andere.

Neu sehen

Eine Geschichte des Evangelisten Markus führt uns nach Jericho, eine geschichtsträchtige Stadt in der Glaubensgeschichte.

Jericho ist der geografische Tiefpunkt (250 m unter dem Meeresspiegel) vor dem Aufstieg zum geografischen und religiösen Höhepunkt: Jerusalem (740 m ü.M.). Wer nach Jerusalem hinaufziehen will, zum Heiligtum gelangen will, ist in Jericho zunächst einmal ganz unten.

Jericho wurde von den Israeliten bei der Landnahme eingenommen (Jos 6), es wurde Zeichen dafür, dass Israel mit Gottes Hilfe eine Lebensgrundlage für die Zukunft fand.

In Jericho wurde König Zidkija geblendet, nachdem die Babylonier seine Söhne vor seinen Augen getötet hatten. Alle Warnrufe des Propheten Jeremia hatte er in seiner Verblendung in den Wind geschlagen. Jericho ist verbunden mit der Erfahrung eines religiösen Tiefpunkts.

Und genau in dieses Jericho kommt Jesus.
Etwas Wichtiges liegt in der Luft.

Sie kamen nach Jericho. Als er mit seinen Jüngern und einer großen Menschenmenge Jericho wieder verließ, saß an der Straße ein blinder Bettler, Bartimäus, der Sohn des Timäus.

Sobald er hörte, dass es Jesus von Nazaret war, rief er laut: Sohn Davids, Jesus, hab Erbarmen mit mir!

Viele wurden ärgerlich und befahlen ihm zu schweigen. Er aber schrie noch viel lauter: Sohn Davids, hab Erbarmen mit mir!

Jesus blieb stehen und sagte: Ruft ihn her! Sie riefen den Blinden und sagten zu ihm: Hab nur Mut, steh auf, er ruft dich.

Da warf er seinen Mantel weg, sprang auf und lief auf Jesus zu.

Und Jesus fragte ihn: Was soll ich dir tun? Der Blinde antwortete: Rabbuni, ich möchte wieder sehen können.

Da sagte Jesus zu ihm: Geh! Dein Glaube hat dir geholfen. Im gleichen Augenblick konnte er wieder sehen, und er folgte Jesus auf seinem Weg.

Mk 10,46–52

Am Rande von Jericho,
am Aufbruch aus dem Tiefpunkt zum Höhepunkt,
sitzt ein Blinder.
Ausgerechnet ein Blinder, wie einst der König,
vor dessen Augen die Zukunft seines Lebens
hingerichtet wurde
und der danach nichts anderes mehr sehen durfte.

Zuvor, auf dem Weg nach Jericho, hatten die
Jünger über die Rangordnung unter sich gestritten
– auch eine Form von Verblendung.

Da ist es mehr als ein Zufall,
dass ausgerechnet ein Blinder am Wegesrand sitzt.
Er sitzt, ist blind, bettelt – ein Abschaum,
ein Häuflein Elend, Perspektivlosigkeit in jeder
Beziehung.

Doch er hört von Jesus,
der auf dem Weg nach Jerusalem ist,
der Stadt, in der die Israeliten den Messias
erwarten,
die Antwort auf alle Fragen,
die Wende jeder Not.

Und diesen Jesus ruft er um Hilfe an,
er setzt alles auf eine Karte,
ruft in der Sprache der Hochverräter, indem er an
König David erinnert,
bittet um Erbarmen.

Bartimäus schreit sich seine Hoffnung von der
Seele,
ein Aufschrei, ein Hilferuf.
Kein Schweigegebot kann ihn bremsen,
keine Sorge um negative Folgen durch römische

Besatzungssoldaten,
in seiner Aussichtslosigkeit verschafft er sich
Gehör.

Jesus lässt ihn herrufen,
und in der kurzen Aufforderung liegt ein ganzes
Programm:

Hab nur Mut, steh auf, er ruft dich.

Ermutigung – Aufstand – Gerufensein –,
das ist der Dreiklang der Wende.
Der Impuls kommt von außen,
so sehr Bartimäus auch schreit,
Jesus ruft – und das verändert die Situation.
Hab Mut, diesem Anruf zu folgen, und steh auf,
geh wie Elija heraus aus der Hinfälligkeit,
wähle den aufrechten Gang,
Jesus traut ihn dir zu.

Bartimäus springt auf,
lässt den Mantel, die wärmende Nachtdecke,
zurück
und begibt sich in eine ganz neue Begegnung.

Und diesem Jesus sagt er in dieser Begegnung
seinen Wunsch:
Wieder sehen können,

wieder Aussicht haben,
wieder eine Perspektive haben,
endlich im eigenen Leben wieder durchblicken,
endlich wieder einen Horizont haben.

Sehen – in der ganzen Verworrenheit des Daseins
einen Sinn entdecken –,
das ist der Wunsch des Bartimäus
und, weiß Gott, nicht nur seiner.

Und daher darf er für so viele stellvertretend an
der Stelle zwischen Tiefpunkt und Aufbruch nach
Jerusalem stehen.

Sein Wunsch wird erfüllt,
Jesus macht ihn sehend
und Bartimäus geht mit nach Jerusalem.
Dort sieht er den Herrn am Kreuz,
dort sieht er die Katastrophe des Leids –
und die aufgehende Sonne des Ostertages,
den Horizont hinter aller Todesverfallenheit,
hinter allen Gemeinheiten des Lebens.

Bartimäus lernt sehen,
dass der Weg nicht in der Katastrophe endet,
dass Leid und Tod nicht das letzte Wort haben,
dass Jesus die lebensstarke Antwort ist.

Ich möchte sehen,
hinter all dem Wirrwarr einen Sinn,
wohin das alles führen soll.

Wie Bartimäus sitze ich in meiner Armseligkeit da.

Ich möchte sehen,
ich darf Jesus diesen Wunsch sagen,
Tag für Tag, in jedem Dunkel, an jedem Tiefpunkt.

Er wird mich rufen,
mir Mut machen, damit ich aufstehe,
die Beziehung mit ihm wage,
um neu zu sehen.

Frei werden

Die harten Fakten umgeben mich oft
wie eine Mauer.
Diagnosen, Konflikte, Sachzwänge
grenzen mich ein.
Unumstößliche Realitäten üben einen schier
unerträglichen Druck auf mich aus.
Zentnerschwer lastet Ballast auf mir.

Ich möchte diese Wand durchbrechen,
den Klotz vom Bein abschütteln.
Wie schön wäre es,
den Sprengstoff zu finden,
der einen Weg aus meinem Kerker bahnt.

Edwina Sandys, eine Enkelin von Winston
Churchill, hat ihre Skulptur »Freie Frau« genannt.
Sie steht vor dem UNO-Zentrum in Wien, um den
Nationen der Welt die Würde und die Rechte der
Frau vor Augen zu halten, schwerwiegende
Missachtungen der Frauenrechte ins Gedächtnis
zu rufen.

Edwina Sandys: Die freie Frau

Aus einem fünf Meter hohen Marmorblock
ist die Figur einer Frau herausgeschnitten.
Die Figur ist aus dem Steinmassiv herausgetreten,
Standort und Farbe sind anders.

Im Marmorblock sehen wir die Umrisse der Figur,
die seitlich als ganz eigene Gestalt steht.
Sie hat Kontur gewonnen,
die auch im zurückgelassenen Stein zu sehen ist.

131

Die schwere Masse,
die alles eingeschlossen und bestimmt hat,
ist durchbrochen.
Der Schritt aus der unumstößlichen Schwere ist
gelungen.

Lukas erzählt von einer Frau,
die unter unumstößlichen Lasten leidet und mit
diesem Ballast am Sabbat in die Synagoge kommt.

Der Rücken gekrümmt,
die Gestalt gebeugt,
des aufrechten Ganges nicht mehr fähig.

Vielgestaltig kann der Dämon sein, der diese Frau
ein Leben lang quält:
Zwangsrollen, die sie zu spielen hat,
fortwährende Demütigung,
Verhinderung jeder freien Entfaltung,
Fremdbestimmung durch lebensfeindliche
Mächte.

Für Jesus gibt es nur eines:
diesen Menschen aufzurichten,
ihm neue Richtung zu geben,
die Frau von ihrer gekrümmten Existenz zu
befreien.

Am Sabbat lehrte Jesus in einer Synagoge.

Dort saß eine Frau, die seit achtzehn Jahren krank war, weil sie von einem Dämon geplagt wurde; ihr Rücken war verkrümmt und sie konnte nicht mehr aufrecht gehen.

Als Jesus sie sah, rief er sie zu sich und sagte: Frau, du bist von deinem Leiden erlöst. Und er legte ihr die Hände auf. Im gleichen Augenblick richtete sie sich auf und pries Gott.

Der Synagogenvorsteher aber war empört darüber, dass Jesus am Sabbat heilte, und sagte zu den Leuten: Sechs Tage sind zum Arbeiten da. Kommt also an diesen Tagen und lasst euch heilen, nicht am Sabbat!

Der Herr erwiderte ihm: Ihr Heuchler! Bindet nicht jeder von euch am Sabbat seinen Ochsen oder Esel von der Krippe los und führt ihn zur Tränke?

Diese Tochter Abrahams aber, die der Satan schon seit achtzehn Jahren gefesselt hielt, sollte am Sabbat nicht davon befreit werden dürfen?

Durch diese Worte wurden alle seine Gegner beschämt; das ganze Volk aber freute sich über all die großen Taten, die er vollbrachte.

Lk 13,10–17

Die Frau darf heraustreten aus dem Marmorblock,
der ihr die Luft genommen hat.
Sie darf aufrecht einer neuen Zukunft entgegen-
gehen,
allem Widerstand zum Trotz.
Der Einwand des Synagogenvorstehers beruft sich
auf Konvention,
auf religiöse Tradition,
auf bewährte Gesetzmäßigkeiten.

Die Antwort Jesu schöpft aus zwei Quellen,
die in seinem Denken nicht zu trennen sind:
die Liebe zum Menschen
und die Verankerung in Gott.

Am Sabbat hat Gott die Welt vollendet
und daher steht die Befreiung der Frau im
Einklang mit dem Willen Gottes.

Ich bin geschaffen,
um über die Mauern und Zwänge meines Lebens
hinauszugehen.
Ich bin gewollt,
als Mensch mit aufrechtem Gang, eigener Kontur,
freier Entfaltung.

Jesus kommt der Frau ganz nahe,
berührt sie und kann sie so befreien.

Achtzehn Jahre trug die Frau ihre Fesseln,
angesichts der damaligen Lebenserwartung eine
schier unendliche Zeit.
Doch bei Gott wird niemand vergessen.
Schwer sind die Lasten,
die mich begrenzen.
Doch nicht schwer genug,
die Nähe Jesu zu verhindern.

Schier nicht zu leisten ist die Geduld,
die ich aufbringen soll,
doch stets offen,
für seine Nähe,
die mich befreien kann.

Brannte nicht unser Herz

Es ist bitter, einsame Wege enttäuscht zu gehen.
Hader, Trauer und die Verbitterung
können einen Weg schier endlos und auch
zwecklos erscheinen lassen.

Der Evangelist Lukas erzählt von zwei Jüngern,
die nach dem Tod Jesu diesen bitteren Weg gehen.
Von Jerusalem, dem religiösen Zentrum,
gehen sie in die Provinz, nach Emmaus.

Was sie bewegt, ist der Schmerz über den Tod
Jesu, ihrer Lebenshoffnung.
Traurig und enttäuscht ziehen sie sich zurück.
Es gibt keine tragende Hoffnung mehr, die zu
neuen Wegen ermutigt.
Ich kenne diese lähmende Ausweglosigkeit nur
zu gut.

Kunstvoll fügt Lukas in seiner Geschichte nun
eine Begegnung ein.
Unerkannt stößt Jesus zu ihnen – ihre Wahrneh-
mung ist nicht darauf gefasst.
Wieder begegnen wir der Erfahrung, dass wichtige

Ereignisse oft zunächst
nicht erkannt werden und ihre Zeit brauchen,
bis sie Wirkung entfalten.

Jesus, der Lebendige,
geht ihren bitteren Weg mit,
unerkannt und schweigend.

Keine Besserwisserei,
keine wertende Belehrung ihrer Fehleinschätzung,
keine kluge Ansprache.

Er geht mit – zwischen ihnen.
Er zeigt Inter-esse, das bedeutet: dazwischen-sein.
Er ist mitten in ihrem Schmerz gegenwärtig und
lässt sich auf diesen schwierigen Weg ein.
Nur selten erlebe ich, dass das jemand kann.

Er hört zu
und er fragt vorsichtig nach.
Er will wissen, wie es ihnen geht,
was in ihnen vorgeht,
was ihnen so zu schaffen macht.

Und auch dann geht er einen behutsamen Weg
mit ihnen.
Er bleibt nicht stehen und rückt ihnen den Kopf
zurecht.

Auf dem Weg erschließt er ihnen die Worte der
Heiligen Schrift.
Auf dem Weg deutet er die Botschaft von Gott.
Damit ist die Botschaft von Gott auch unter-wegs.

Das alles stiftet Beziehung.
Langsam, Schritt für Schritt entsteht Vertrautheit
mit dem Fremden.
Und als sie am Ende des Weges sind, laden die
Jünger ihn zu sich ein.

Dort geschieht Ungeheures:
Der Fremde, zu dem immer mehr Nähe wuchs,
nimmt Brot und Wein – wie er es so oft getan hat –
und da gehen ihnen die Augen auf:
Jesus, der mit uns gegangen ist,
geht immer noch mit uns.
Er lebt.

Doch Lukas bringt die Geschichte schnell zu
einem Ende.
Im Augenblick der Erkenntnis verschwindet der
Weggefährte.
Die Nähe Jesu ist eine andere geworden.
Nicht mehr festzuhalten wie früher.
Dafür noch viel bedeutsamer:
Der Gekreuzigte ist nicht von der Bildfläche
verschwunden.
Er lebt.

Und im Nachhinein können die Jünger sagen:
Brannte nicht unser Herz, als er uns die Schrift
erschloss?

Aus diesen Worten spricht Betroffenheit,
Trost und Dankbarkeit.

Da ist etwas geschehen, das Vertrauen und neue
Perspektive geschaffen hat,
ein neuer Schöpfungsakt, der Geborgenheit
schenken kann.

Rembrandt: Das Mahl in Emmaus

Rembrandts Emmausbild spiegelt etwas von dieser
Vertrautheit,
von neuer Aussicht,
von einem guten Ankommen.

In einem dunklen Raum vermittelt die Tischszene
Licht und Intimität.
Nach langem Weg
sind da Menschen angekommen.
Sie erleben Gemeinschaft und es ist einer da,
um den es hell ist.
Sie schauen nicht auf ein undurchdringliches
Dunkel,
ihr Blick fällt nicht ins Leere,
da hat die Lebenshoffnung eine Gestalt,
sie ist gegenwärtig.

Der Weg hat müde gemacht.
Er hatte seine unbestrittenen Tiefen.
Doch er war nicht umsonst und eine neue
Erfahrung wurde geschenkt.

Jetzt können neue Wege gegangen werden,
neuer Mut darf wachsen.

Noch in derselben Nacht brechen die Jünger auf,
um den anderen ihre Erfahrung mitzuteilen.

Neue Wege kann auch ich gehen.
Ich kenne die Bitternis des schweren Weges.
Ich kenne die Resignation, das Aufbegehren,
die traurige Erinnerung.

Doch in all dem
kann einer mitgehen,
der meine Augen öffnet,
der meine Hoffnung stärkt,
der mir die Erfahrung schenkt,
dass letzten Endes alles gut wird.

Diese Hoffnung
brennt in meinem Herzen.
Sie gibt mir Kraft zu neuen Wegen.

Ruht im Frieden seiner Hände

Ein nahezu kindlich schlichtes Bild.
Und doch große Kunst einer bedeutsamen Frau.
Käthe Kollwitz schuf das Bronzerelief im Jahr
1936.

Ein zierliches Gesicht mit geschlossenen Augen
– vermutlich ein Kind –
ist eingehüllt in einen Umhang, vielleicht einen
Mantel.
Mit seiner kleinen Hand hält es die bergende
Decke geschlossen,
auf der Suche nach Wärme und Schutz.

Zwei große Hände schauen darunter hervor.
Offensichtlich ist da eine größere Person im
Hintergrund,
die den Umhang trägt
und die dem Kind Unterschlupf gewährt.

Käthe Kollwitz: Ruht im Frieden seiner Hände

In dieser Situation darf sich das kleine Geschöpf
geborgen wissen,
es kann die Augen schließen,
entspannen,
ruhig werden,
sich fallen lassen.

Käthe Kollwitz nannte das Relief »Ruht im Frieden
seiner Hände«.

Damit griff sie ein Goethe-Zitat auf, in dem es
heißt:

> Gottes ist der Orient!
> Gottes ist der Okzident!
> Nord- und südliches Gelände
> Ruht im Frieden seiner Hände.

Wenn man nun noch bedenkt,
dass Käthe Kollwitz die Plastik
für das Grab ihres Sohnes geschaffen hat,
der im Ersten Weltkrieg 18-jährig gefallen ist,
wird deutlich,
dass das schlichte Bild einen gedanklich weiten
Bogen schlägt.

Die Künstlerin bringt die Kunde
von einer Geborgenheit in Gott.

Im Schmerz des Verlustes,
in der Aussichtslosigkeit und Endgültigkeit
eines Schicksals
offenbart sich schier unendliche Heimatlosigkeit.

Der Fall ins Bodenlose wird bedrohlich erlebt.
Die Sehnsucht nach der Hand, die einen auffängt,
nach der Geborgenheit, die mich in meiner
Schutzlosigkeit umhüllt,
wird zum Aufschrei.

Diese Erfahrungen sind einer Frau, die Zeugin
vieler Lebenshärten wurde
und die ihr eigenes Kind verlor, keineswegs fremd.
Da wird die Aussage des Bildes zum authentischen
Zeugnis:
In Gottes Hand ist alles geborgen, was auf diesem
Planeten geschieht.

In allen Himmelsrichtungen nehmen wir
Bedrohung und Angst wahr,
wohin wir uns auch wenden,
es gibt genügend Grund zum Zweifel.

Doch das Bild sagt:
Egal aus welcher Richtung der Wind weht,
Orient und Okzident,
Norden und Süden,
sind wir eingebettet in Hände, die Halt und
Heimat schenken.

Die Gegenwart Gottes,
oft ist sie so wenig zu spüren,
doch in allen Wirklichkeiten der Welt ist sie
gegenwärtig.
Auch in meiner Schutzlosigkeit,
meiner Schwäche und meiner Sehnsucht,
darf ich sie spüren.

Ich darf auf die größere Hand vertrauen,
die mir Wärme und Sicherheit geben kann.
Mit meinen kleinen Händen darf ich mich in
dieser Geborgenheit festhalten,
ich darf Halt finden.

In dieser Geborgenheit
kann Ruhe in mein Herz einkehren.

Letzte Gewissheit

Das Leben kennt keine Sicherheiten.
Trotz aller Versicherungen: Nichts ist sicher,
alles ist offen.

Sicher ist nur der Tod, sagen manche,
und sie bringen damit eine eigenartige Wahrheit
auf den Punkt:
Die Gewissheit eines Endes ist uns allen
gemeinsam.

Darüber hinaus erleben wir viele Brüche und
Unsicherheiten,
immer wieder müssen wir Hoffnungen aufgeben,
Menschen loslassen,
zerplatzte Träume akzeptieren.

Der Apostel Paulus sucht neben der Gewissheit
des Todes nach einer Gewissheit des Lebens.
Der Vergänglichkeit will er eine Hoffnung
entgegensetzen, der Verunsicherung eine unkünd-
bare Versicherung.
Im Römerbrief fasst er seinen Glaubensweg in ein
dichtes Zeugnis:

Ist Gott für uns, wer ist dann gegen uns?
Er hat seinen eigenen Sohn nicht verschont,
sondern ihn für uns alle hingegeben – wie sollte
er uns mit ihm nicht alles schenken?
Wer kann die Auserwählten Gottes anklagen? Gott
ist es, der gerecht macht.
Wer kann sie verurteilen? Christus Jesus,
der gestorben ist, mehr noch: der auferweckt
worden ist, sitzt zur Rechten Gottes und tritt für
uns ein.
Was kann uns scheiden von der Liebe Christi?
Bedrängnis oder Not oder Verfolgung, Hunger oder
Kälte, Gefahr oder Schwert?
In der Schrift steht: Um deinetwillen sind wir den
ganzen Tag dem Tod ausgesetzt; wir werden
behandelt wie Schafe, die man zum Schlachten
bestimmt hat.
Doch all das überwinden wir durch den, der uns
geliebt hat.
Denn ich bin gewiss: Weder Tod noch Leben, weder
Engel noch Mächte, weder Gegenwärtiges noch
Zukünftiges, weder Gewalten der Höhe oder Tiefe
noch irgendeine andere Kreatur können uns
scheiden von der Liebe Gottes, die in Christus
Jesus ist, unserem Herrn.

Röm 8,31–39

Paulus rückt den Ernst christlicher Hoffnung in
den Mittelpunkt:
Gott selbst ist für uns.
Der Tod Jesu, und mehr noch seine Auferwe-
ckung, geschah für uns, aus Liebe, die wir uns
nicht zu verdienen brauchen.
Ein Gott, der sich selbst ganz und gar für die
Menschen hingibt, mit welcher Entschlossenheit
muss der für das Wohl des Menschen eintreten?
Welche Gegner hat der Mensch zu fürchten, wenn
er diesen Gott auf seiner Seite weiß?

Wenn der Gekreuzigte und Auferstandene
gleichsam als unser Anwalt für uns eintritt – wen
oder was haben wir dann zu fürchten?

Diese Gedanken lassen Paulus zu einer Glaubens-
gewissheit finden:
Nichts kann uns trennen von der Liebe Gottes,
die in Jesus Christus sichtbar geworden ist.
Keine Gegenwart und keine Zukunft,
keine Gewalt und keine Macht,
keine Todesverfallenheit und kein Lebensrisiko.

In allem bleibt die Nähe Gottes bestehen.
Wäre es anders, die Rede von Kreuz und Auferstehung wäre sinnlos und verlogen.
Doch weil Paulus die tragende Nähe an sich und
anderen immer wieder erlebt, findet er Gewissheit.

Eine Gewissheit,
deren Kraft durch Dunkel und Verzweiflung,
durch Resignation und Rückschlag,
durch Endlichkeit und Hader,
durch Depression und Tränen
immer wieder hindurchträgt.

Nicht, weil sich eine Kraft der Fiktion oder des
Wunschdenkens entfaltet.
Nicht, weil wir uns durch Fantasie etwas
vormachen können.

Nein, die Gewissheit kann nicht erworben
werden,
sie wird geschenkt,
wie auch die Kraft geschenkt wird,
die sich unerwartet und unscheinbar mitteilen
kann.

Die Gewissheit des Paulus ist nicht Behauptung,
nicht Augenwischerei und Attitüde
des Optimismus.

Sie wächst aus der Zusage,
die Gott selbst macht,
die er oft verborgen,
zunächst unverständlich und doch immer wieder
neu ausspricht.

Die Zusage an mich mit meiner ganzen Geschichte,
mit meinem Auf und Ab,
an mich, so wie ich bin.

Nichts kann mich trennen von der Liebe Christi,
die alles Lebensfeindliche, selbst den Tod,
besiegt hat.
In untrennbarer Beziehung mit diesem Christus
finde ich irgendwann auf alles Antwort, was mich
bewegt.

Da er mich liebt,
bin ich gerettet.
Welch eine Gewissheit.

Krankheit und Krise im modernen Medizinbetrieb

Der gesundheitspolitische Kontext

Mit Beginn der 90er-Jahre des vergangenen Jahrhunderts ist die bis heute existente Finanzkrise des deutschen Gesundheitswesens zutage getreten.

Die lohnabhängige Finanzierung der gesetzlichen Krankenkassen erweist sich in der Zeit der wirtschaftlichen Globalisierung und daraus sich ergebender Arbeitsplatzverluste als eine zu versiegen drohende Geldquelle des Gesundheitswesens in Deutschland.

In zunehmendem Maße fehlen die Krankenkassenbeiträge von arbeitslosen Menschen oder Menschen mit Niedriglohnbeschäftigungen, um das Gleichgewicht zwischen Einnahmen und Ausgaben im Gesundheitswesen aufrechterhalten zu können.

Mit Zynismus und Dialektik haben die bisherigen Gesundheitsminister/innen versucht, die Bevölkerung glauben zu machen, dass jeder Bürger Anspruch auf alle Leistungen der Krankenkassen hat. Wenn die Akteure wie Krankenkassen, pharmazeutische Industrie, Krankenhäuser, Ärzte und Apotheker ihrer Verpflichtung zur Sparsamkeit nachkommen würden, so wäre genügend Geld im Gesundheitssystem, um alles finanzieren zu können.

Trotz aller vollmundiger politischer Reform-erklärungen ist eine Stabilisierung des Gesundheitswesens nicht gelungen. Wenn keine wirkliche Reform zustande kommt, dann wird die Finanzlage im Gesundheitswesen katastrophal. Angesichts der demografischen und der gesellschaftlichen Entwicklung werden immer weniger jüngere Menschen die Beiträge für die Krankenkassen aufbringen müssen, um die Kosten einer überalterten Gesellschaft auffangen zu können.

Der kranke und leidende Mensch als Kostenfaktor

Das höhere Lebensalter ist in der Regel mit den Rest des Lebens begleitenden Mehrfacherkrankungen verbunden, zusätzlich kommt oft ein hoher Pflegeaufwand hinzu. Wurde Letzteres bisher von vielen Familien geleistet, so werden die vielen, künftig ohne familiäre Absicherung lebenden Menschen auf öffentlich finanzierte Sozialeinrichtungen zurückgreifen müssen.

Die Ausgaben für stationäre Behandlungen wurden wegen des hohen Kostenanteils im Gesundheitswesen einer politischen Radikalkur unterzogen. Unter dem Schlagwort »leistungsgerechte Finanzierung« wurde ein Kostenfinanzierungssystem für die Krankenhäuser eingeführt, welches sicherstellen soll, dass in ganz Deutschland gleiches Geld für gleiche Behandlungsleistung bezahlt wird.

Das DRG-System (Diagnosis Related Groups) ist weltweit in Ländern wie Australien, USA und Österreich gut funktionierend existent. Allerdings kommt dieses an sich stimmige Finanzierungssystem dort nur als großer Rahmen zur Anwendung. In Deutschland hingegen wurde dieses System so perfektioniert, dass Ärzte und Finanzkontrolleure der Krankenkassen mit hohem zeitlichen Aufwand alle Krankheiten sowie alle ärztlichen und pflegerischen Maßnahmen mit Zahlen belegen müssen, um dann die entstehenden stationären Krankheitskosten ermitteln zu können. Die Krankenkassen bedienen sich dann ihrer Finanzkontrolleure, um die entstandenen Kosten kritisch zu überprüfen und in Frage zu stellen. Im Streitfall – was heute nicht selten ist – wird der medizinische Dienst der Krankenkassen zur neutralen Bewertung hinzugezogen. In der Regel kommt es jedoch zu einer Mindereinnahme der Krankenhäuser.

Die überwiegende Mehrzahl der deutschen Krankenhäuser arbeitet heute defizitär, eine leistungsgerechte Finanzerstattung ist praktisch nicht gegeben. Sicher hat der Finanzdruck notwendige und den Patienten nicht belastende Einsparungen in den Krankenhäusern bewirkt. Gleichwohl sind alle Einsparmöglichkeiten derzeit ausgeschöpft, nur ein Personalabbau in allen Krankenhaussegmenten ermöglicht das Überleben vieler Krankenhäuser. Darüber hinaus wird das politische Ziel verfolgt, dass insbesondere kleine Krankenhäuser zugunsten größerer stationärer Versorgungseinheiten aufgegeben werden.

Die für kranke Menschen sich ergebenden Folgen sind erkennbar:

- Weite Wege für Patienten und Angehörige im Fall einer stationären Behandlung,
- die Gefahr der Anonymisierung des Hilfesuchenden in großen stationären Funktionssystemen,
- kürzestmöglicher stationärer Aufenthalt für die notwendige Behandlung,
- knapp bemessenes betreuendes Personal.

Die gängige gesundheitspolitische Sprache, welche Worte wie: Fallpauschale, Fehlbelegung oder diagnosebezogene Gruppen entstehen ließ, zeigt den Abgrund auf, vor dem unsere Gesellschaft im Umgang mit kranken und alten Menschen steht: Wirtschaftlichkeit geht vor Menschlichkeit.

Die eigentliche Fragestellung

Krankheit als Dinghaftigkeit, losgelöst vom betroffenen Menschen, gibt dem Wort Sachlichkeit einen zynischen Beigeschmack.

Die entscheidende Frage unserer Zeit lautet: Was ist uns Menschlichkeit, Menschsein in Krankheit und Not wert?

In Abhängigkeit von Art und Schwere einer Erkrankung wird jeder Mensch mehr oder weniger ein Betroffener. Das bisherige Leben kommt zum Stillstand. Die organische Erkrankung dehnt sich als Krise auf den ganzen Menschen aus. Angst, Unruhe, Panik, Wut, Verzweiflung, Traurigkeit, Hoffnungslosigkeit können Seelenreaktionen sein, die Außenstehende auf die Krise des kranken Menschen hinweisen.

Was aber, wenn Außenstehende wie Pflegepersonal und Ärzte in wechselnden Arbeitsschichten mit Minimalbesetzung in kürzestmöglicher Zeit die Krankheit »heilen« müssen? Zweifelsfrei kann ein Mensch nach einem Herzinfarkt in kürzester Zeit gesunden, aber hat er dabei Heilung erfahren? Wer ist auf die Ängste und Fragen eingegangen, die sich diesem Menschen auf der Intensivstation aufdrängten? Erstmalig schien diesem Menschen mit dem Infarkt sein Leben sinnlos – beruflicher Erfolg und materieller Wohlstand haben ihn nicht vor einer möglicherweise tödlich verlaufenden Erkrankung bewahrt. Was also ist der Sinn seines Lebens?

Wer kann sich auf diesen Menschen mit der entscheidenden Frage unseres Menschseins einlassen?

Oft wird eine krankheitsbedingte Lebenskrise dadurch verschärft, dass der betroffene Mensch alleinstehend und ohne familiäre Bindung ist. Wer gibt diesen Menschen Zuversicht? Wer nimmt die gefährlichste, die stumme Krise eines Menschen wahr? Wer öffnet den Mund eines Sprachlosen?

Im modernen Medizinbetrieb kann der vorauseilende Gehorsam gegenüber einer falschen Gesellschafts- und damit Gesundheitspolitik gepflegt werden. Die Maxime der Wirtschaftlichkeit wird ohne Sicht auf den kranken Menschen erfüllt.

Orientierung tut not

Das biblische Wort »Gebt dem Kaiser, was des Kaisers ist, und Gott, was Gottes ist« zeigt auf, dass Christen zwar Teil einer Gesellschaft sind, die Handlungsmaxime reicht jedoch darüber hinaus. So muss in einem Krankenhaus die Wirtschaftlichkeit des Betriebes von allen Beschäftigten getragen werden, im Mittelpunkt steht jedoch der kranke Mensch!

Es liegt im Verständnis christlich-orientierter Krankenhausmitarbeiter, nach Möglichkeiten zu suchen, wie bei flexiblen Arbeitszeiten von Pflegepersonal und Ärzten und gleichzeitig kurzer Verweildauer der Patienten Menschen mit krankheitsbedingten Krisen wahrgenommen werden können.

Darauf aufbauend kann ein rettendes Sprungtuch von allen Beschäftigten aufgespannt werden, in das sich der betroffene Mensch fallen lassen kann.

Unverzichtbar ist dabei das Zusammenwirken von Ärzten, Pflegepersonal, Krankenhausseelsorge und Psychiater. In einem Teamgespräch der Beschäftigten können die krisenstabilisierenden Elemente für diesen kranken Menschen besprochen werden. Gemeinsam wenden sich alle dem betreffenden kranken Menschen mit unterschiedlicher Akzentuierung zu. Eine Führungsrolle in Krisenbewältigung kommt dem Seelsorger oder Psychiater zu.

Während des stationären Aufenthaltes wird als seelenunterstützende Behandlung eine berührende »Medizin« in Form von Dämpfen, Bädern, Wickeln und Massagen angeboten. Entspannungsübungen in Einzel- oder Gruppentherapie sowie Meditationen können weitere Behandlungselemente sein.

Die christliche Tradition ist reich an Menschen, die in Gesellschaftskrisen ein Licht in den dunklen Hinterhöfen jenseits der schönen Fassaden angezündet haben. Erinnert sei an Vinzenz von Paul, Louise von Marillac oder an Mutter Teresa von Kalkutta. Auch und gerade in modernen, wirtschaftlichkeitsorientierten Medizinbetrieben ist es möglich, Menschen in krankheitsbedingter Krise ein Licht der Hoffnung zu geben und sie über den Tag des Krankenhausaufenthaltes hinaus zu begleiten.

Dr. Wolfgang Pflederer

Quellenverzeichnis

S. 30, Der Schrei, Edvard Munch (1863–1944), 1893,
83,5 × 66 cm, Öl, Tempera und Kreide auf Karton, The
Munch Museum, Oslo © The Munch Museum/The Munch
Ellingsen Group/VG Bild-Kunst, Bonn 2007 – S. 40, Weg
vom Fenster, Georg Baselitz, 1982 Öl auf Leinwand 250 ×
250 cm, Sammlung Beyeler, Basel © Georg Baselitz,
Courtesy Galerie Michael Werner Köln und New York –
S. 46, Teil der »Dystopia Series« © Aziz + Cucher, New
York. The Ansel Adams Center For Photography, San
Francisco – S. 53, Das Haus, Reiner Kunze, aus: eines
jeden einzges leben. Gedichte © S. Fischer Verlag,
Frankfurt/Main 1986 – S. 57, Die Klage, Käthe Kollwitz
(1867–1945) Bronze, 1938, 27,3 × 25 cm, Museum am
Ostwall, Dortmund © VG Bild-Kunst, Bonn – S. 60,
Sehnsucht, Hilde Domin, aus: Gesammelte Gedichte © S.
Fischer Verlag, F rankfurt/Main 1987 - S. 69, Elija ©
Sieger Köder – S. 71, Ermutigung, Wolf Biermann, aus:
Alle Lieder © Kiepenheuer & Witsch, Köln 1991 – S. 78,
Selbstmord, Reiner Kunze, aus: gespräch mit der amsel ©
S. Fischer Verlag, Frankfurt/Main 1984 – S. 82, Christus
im Steinfeld, Dieter Kunerth, land-light-paintin, 40 × 60
cm – S. 87, Cellist, gefunden in: ferment 6/1995 im
Pallotiner-Verlag, CH-Gossau – S. 102, Nicht müde
werden, Hilde Domin, aus: Gesammelte Gedichte ©
S. Fischer Verlag, Frankfurt/Main 1987 – S. 107,
Wanderer, Alfred Albinger, Kirchberg – S. 117, Esel,
Tierfoto Reinhard, Heiligenkreuzsteinach – S. 120, Der
Psalm 151, Eva Zeller, Sage und schreibe © Deutsche
Verlags-Anstalt München, in der Verlagsgruppe Random
House GmbH – S. 131, Die freie Frau, Skulptur, weißer
Marmor, vor dem Internationalen Zentrum der United
Nations, Wien. Foto: R. Henke, Wien – S. 139, Das Mahl in
Emmaus, Rembrandt van Rijn, 1648, Öl auf Leinwand, 68
× 65 cm, Louvre, © Foto: Peter Willi, Artothek, Weilheim –
S. 143, Ruht im Frieden seiner Hände, Käthe Kollwitz,
Foto: Seemann Henschel, Leipzig © VG Bild-Kunst, Bonn